Johannes Leismüller, geboren 1936, ist Bildhauer. Er führt ein europäisches Leben mit jahrelangen Stationen in München, Paris, Rom und Athen. 1980 erhielt er für sein plastisches Werk in Paris den Prix La Jeune Sculpture. Bei seinen außereuropäischen Reisen zählen Jerusalem und ein längerer Arbeitsaufenthalt in Schwarzafrika zu den elementaren Erlebnissen. In den fünfziger Jahren hat er Griechenland für sich entdeckt, wo er heute einen größeren Teil seiner Zeit verbringt und arbeitet. Mit »In Hellas« erscheint erstmals eine Reihe seiner literarischen Aufzeichnungen über ein ganz eigenes Griechenland.

Originalausgabe September 1995
© 1995 Droemersche Verlagsanstalt Th. Knaur Nachf., München
Das Werk einschließlich aller seiner Teile
ist urheberrechtlich geschützt.
Jede Verwertung außerhalb der engen Grenzen
des Urheberrechtsgesetzes ist ohne Zustimmung
des Verlages unzulässig und strafbar.
Das gilt insbesondere für Vervielfältigungen,
Übersetzungen, Mikroverfilmungen und die Einspeicherung
und Verarbeitung in elektronischen Systemen.
Umschlaggestaltung Agentur ZERO, München
Umschlagillustration Johannes Leismüller
Satz Ventura Publisher im Verlag
Druck und Bindung Elsnerdruck, Berlin
Printed in Germany
ISBN 3-426-60392-6

2 4 5 3 1

Johannes Leismüller

In Hellas

Inhalt

Wo der Kontinent
ins Wasser taucht ...

... das Meer Inseln hält

Wo der Kontinent
ins Wasser taucht …

Das Land

Viel viel Felsen
Wenig Erde dazu
Viel viel Salz im Meer
Wenig Regen fällt
Viel viel Blau
Auf dem Meer und darüber
Licht genug
So haben sie es dagelassen
Die Poesie rückt die Berge hinauf
Ihnen nach
Der Olymp bleibt kahl
Seine Schatten bergen noch tausend Farben

Anflug

Wieder ist die Schattenseite der Alpen zurückgeblieben, die wärmer aufsteigende Luft scheint das Flugzeug leichter zu tragen.

Entlang der adriatischen Stiefelnaht geht es südwärts. Meer und Land erscheinen aus dieser Höhe wie die aufgeblätterte Seite in einem geographischen Atlas; das Wasser ist dunkelblau, das Land zeigt sich in bräunlichen Schattierungen.

Die nach unten gerichteten Gedanken und Erinnerungen füllen den Kartenausschnitt mit Menschen, Gebäuden, Städten und Geschichte, mit unsichtbaren Linien, Teilungen der Politik, Anlässen zu Kriegen und Friedensschlüssen.

Venedig – nördlichste Stelle im seicht endenden Mittelmeer, Ausgangspunkt von Macht und Beherrschung mediterraner Gewässer, längst vorbei ... Elegant-ziviles Relikt, die Gondel. Tizian, Tintoretto.

Delta des Po. Ravenna, byzantinische Enklave. Stumpfer Goldglanz, Mosaiken.

Die Gedanken wechseln hinüber zur dalmatinischen Küste, dem Land dahinter. Ein Vierteljahrhundert x-mal im Zug oder mit dem Auto im Frieden durchfahren. Alte, unsichtbare Fronten, überwachsene Schlachtfelder passiert. Heute neu aus der Geschichte geholt, wiedereröffnet ... Grauen zwischen katholischen Kirchtürmen, orthodoxen Kuppeln, moslemischen Minaretten.

Unter dem Flieger ändert der Stiefel unmerklich die Farbe. Dunkle Flecken für Feuchte und Grün nehmen ab, hellere Ockerschattierungen breiten sich aus.

Drehpunkt Bari. Brindisi, Endpunkt der Via Appia, eine Säule von zweien steht noch im alten Hafen; imperiale Markierung. Abfahrt und Rückkunft der Römer, Kreuzfahrer; Anlandung der Beute aus Hellas, Byzanz, der Levante. Golf von Korinth. Unruhiger verlaufende Küstenlinien bringen die Ahnung, weiter südöstlich, und dieser Teil Europas zerspringt im Ägäischen Meer, hält sich noch einmal im Bogen der großen Riffe: Rhodos, Karpathos, Kreta und Kythera – bis das Meer den Saum Afrikas erreicht.

Das Licht und die Blendung nehmen zu. In der Flugschneise über dem Saronischen Golf senkt sich ein Flügel. Wie ein Reliefbild kippt das Land hoch. Das Kabinenfenster wird zur vergrößernden Lupe.

Am unteren Bildrand die bizarre Form von Salamis. Darüber blauschwarz die Meerfläche, weiß eingepunktete Schiffe von und nach Piräus. Steile Sicht auf die steinerne Matte, weitgespannt zwischen den Kuppen des Ymettos, Pentelikon und Parnis – Athen.

Im Sinkflug gewinnt das grau-weiße Würfelfeld an Schärfe. Die Raster der Stadtteile treten hervor, verschieben sich im Flug gegeneinander, verzahnen sich in wechselnde Muster. Endlich inmitten die Orientierung, Ost-West ausgerichtet, wie eine zerfallende Kompaßnadel – die Akropolis.

Athen

Auf Meeresspiegelhöhe setzt die Stadt in der weiten Bucht an, ununterbrochen ansteigend, wie von einer Flutwelle hochgetragen breitet sie sich landeinwärts aus. Schwappt an den Bergen hoch, an ihnen vorbei, um sich dahinter wieder zu schließen. Weiterziehend an den Strängen der großen Straßen, immer wieder in Wirbeln Vororte bildend, bis sie in der attischen Landschaft verebbt.

In der versteinerten Welle leben über viereinhalb Millionen Menschen.

Von den hohen Rändern aus gesehen, ist diese Stadt ein kleingewürfeltes Mosaik, die Straßen ein Netzwerk von Fugen – ein steinernes Tastfeld für blinde Zyklopen; nur ihnen kann sich die Philosophie der Stadtplanung erklären.

An bestimmten Tagen stellt sich die Stadt bleiern dar, über sie ist der Smog als Nessoshemd des Herakles geworfen, doch urplötzlich ist sie wieder luftig hell, weiß aufblitzend, energisch geladen. Wind aus Nordost.

Im Sommer kann sie brüten wie ein Backofen, aber auch nachts die Hitze in milder Wärme zurückgeben, für lebendig schöne Nächte, in denen sie Myriaden von Lichtern zum Schimmern und Flimmern, ein Stück Galaxie auf den Boden bringt – Phantasien gebiert, die den Tag erträglich machen.

Die Stadt hat keine Wolkenkratzer, keine spitz hochschießenden Kirch- und Fernsehtürme, architektonische Fluchtgesten gen Himmel. Athen lagert, fügt sich dem Hereinbrechen des außergewöhnlichen Lichts.

Die Stadt erregt an Stellen, wo ihre untersten Schichten angestochen sind, Adern, die in ihrer mehrtausendjährigen Geschichte zerlaufen.

Zwei Fixpunkte ragen aus ihrem Zentrum: der Berg Lykabettos, wie ein Faustkeil von unten durch das Stadtnetz getrieben – und das Plateau der Akropolis in ruhender Klarheit, ein Altar.

Wer auf dieser Platte stand, im Koordinatenkreuz von Abstraktionen, im Museum dem steinernen Blick einer Kore nicht auswich, ihr Lächeln annahm, hat den Faden aufgenommen, der ihn mit Griechenland verwickeln wird – mit dem Klaren und dem Verrückten im Chaos.

Kore

Es gibt
diesen Marmor
kristallin
zuckrig,
wie Eis,
im schlimmsten Fall
Trockeneis.
Die Sonne
verschwindet
in ihm.
Es gibt diesen Marmor
mit dem sanft
gelblichen Stich.
Wie Pergament
und Elfenbein.
Das Licht
gleitet auf ihm.
Er ist es,
der den Koren die Haut
gibt,
sie lebend macht,
sie duften läßt,
die Sinne verwirrt.

Omonia und Agora

Der Omoniaplatz in Athen ist kreisrund, und doch scheint er gewaltig zu eiern. Das muß an Spannungsfeldern seiner Umgebung liegen. Das schönste an ihm ist sein Name: Eintracht. Und wer diesen Ort nur häßlich findet, wird doch zugeben müssen, daß er ein interessantes Flair hat.

All die Straßenzüge, die auf ihn treffen, machen ihn zur Zentrifuge, die kurz vor ihrem Kollaps steht, denn umgekehrt fliehen ihn die Straßen, so gut sie können.

Wer um den Platz herumgeht, wird seine Unwucht spüren. Da ist als frommster Punkt die alte Milchbar mit vielerlei einfachen Köstlichkeiten und den Loukoumades zur richtigen Tageszeit. In einer anderen Krümmung gegenüber liegen das große neue Self-Service-Restaurant, die alten Imbißläden, Garküchen und Kellertavernen im Rücken.

Um den ganzen Platz herum stehen die vielen Periptera mit Zeitungen und ihren verschieden gewichteten Sortimenten, ihren Spezialabteilungen für die Fußball- und Pornofreunde.

Unter dem Platz der Eintracht ist ein Fußgängergeschoß, darunter wiederum die uralte Metrostation …

Wer den Omoniaplatz zweimal umrundet hat, kennt ihn gut genug und gerät zweifellos in den Sog der wegführenden Straßen. Es könnte ihn aufwärts ziehen zum Parlament und Syntagmaplatz oder zum versteckten Exarchiaplatz, der Mischung aus Campus und Cafés im Revier der Studenten.

An einer abschüssigen Kante des Omoniaplatzes bestünde die Möglichkeit, auf einer Magistrale bis nach Piräus hinunterzurollen …

Nah wäre ein Spaziergang zur Agora oder zum Nationalmuseum. Auf der Achse der beiden Orte, fast genau dazwischen, liegt der Kreisel der Eintracht.

Während im Nationalmuseum die griechische Kunst der Antike auf den schönsten Wegen in die Geschichte leitet, man sich dort verlieren und verlieben kann, führt der Gang in die Agora zum Zusammenprall mit der hellenischen Gegenwart.

Auf diesem Zentralmarkt pulsiert der Alltag – und deutlich glauben Auge, Nase und Ohr in diesem Gemenge, einen Schnittpunkt zwischen Orient und Okzident zu erspüren. Der eigene Kopf kommt nicht zur Ruhe, und auch die Gedanken drehen sich ununterbrochen in diesem scheinbaren Chaos nur deshalb, weil hier die Zulänglichkeit eigener Ordnungsvorstellungen schweren Niederlagen nicht entgehen kann.

Die Sinne brechen auf wie die angebotenen Waren und ihre Zurschaustellung. Immer wieder diese unübersichtlich ausgeschütteten Füllhörner an Früchten und Gemüse, die halbierten Zitronen, Orangen, Kartoffeln, Melonen … den Fruchtbergen aufgesetzt – ihre innere Farbe und Qualität demonstrierend. Die prüfend zugreifenden Hände der Kundschaft, die Zweitprüfung durch schnuppernde Nasen. Liebhaber von Melonen und Kürbissen klopfen und horchen diese ab, als wären sie freundlich besorgte Kinderärzte.

Das prüfende Betasten der Ware ist ein Privileg des Kunden, und er läßt des Verkäufers Lobpreisungen stoisch über sich ergehen, bis er die Wahl nach seinem Gusto getroffen hat.

Auch der Händler hat die Qualität seines wählenden Kunden taxiert, so gelten seine weiteren Lobpreisungen längst den anderen Vorbeieilenden. Und am Schluß wird er dem Kunden mit parodistischer Eleganz eine Tomate als Dreingabe in die Tüte werfen, damit dieser den Eindruck hat: Respekt vor deiner Wahl, aber bei mir ist einfach alles gut. Ich behalte meinen Stolz – pflege den deinen, und komme wieder.

Und beim Chasapis, dem Metzger, zu dem der Begriff Fleischhauer noch besser paßt, wird ihm das Fleisch in großen Tranchen entgegengehalten, gedreht, gewendet, gedrückt, auf daß die Qualität in den Kopf des Kunden ziehe, und ein Stück davon als fiktiver Braten den Gaumen passiere ...

Wir sind im Bauch von Athen. Die Ballung und Vielfalt der frischen Lebensmittel auf solch begrenztem Raum ist horrend und erdrückend.

Erst wenn man die äußeren Gassen und Sträßchen, die Bereiche der getrockneten, eingemachten und eingelegten Waren überwunden hat, sich hinein in den Kern der Agora zwängt, beginnen die volle Prüfung der Sinne und die Herausforderung an die körperliche Befindlichkeit.

Zunächst sind die Ansammlungen aufrecht stehender und von oben aufgerollter Säcke mit Getreide, Hülsenfrüchten, Reis, Nüssen ... die Holzfässer mit Dutzenden von Olivensorten ... gesalzenen Sardellen und Sardinen ... hängender Stockfisch und Knoblauch, hängender Pastourmas, hängende Büschel aus Kräutern, schlanke Glassäulen, honiggefüllt, kalkweiße Haufen von Weißkäsen und dicke Pfeilertempel aus Hartkäse zu umgehen, bis sich die alte Halle auftut.

Ihr Grundriß entspricht einem U. In diesem zweimal geknickten Tunnel hängt beidseitig an tausend Eisenhaken nur Fleisch. Dazwischen stehen die Metzger an ihren schweren Pulten; ihr Aussehen ist martialisch, blutverschmiert wie Überlebende von Schlachten (was sie ja auch tun) stehen sie da, nicht als aseptische Verkäufer einer wegzuschminkenden Realität.

Vor den Metzgern und den hängenden Lämmern, robusten Rinder- und Schweinehälften, Geflügel und empfindlichen Gebinden aus Innereien spannt sich in langen Reihen gleißende Helle, überdimensionale Glühbirnen bestrahlen Schlächter und Opfer gleichermaßen mit kaltem Licht, keine magischen Schatten entstehen – nur scharf gezeichnete Wirklichkeit.

Das Innere der U-Form ist die Halle des Meeres. Auf schrägen Platten aus Marmor und Stahl, wie flach geordnete Wellen, liegt als gefrorene Gischt zerstoßenes Eis und darauf eine Unzahl von Fischen. Metallisch schimmernde Schuppenteppiche, klare Augen wie Glasperlen, Gopes, Lithrinia, Bakalarakia ...

Farbförmiger Wechsel in flachen Kästen gerahmt: Mollusken – Tintenfische, Kalamarakia, Oktopodia. Rosa Felder aus Barbunia und Garides, dazwischen grellgelbe Zitronenpunkte; der Einzelgänger Astakos, blauschwarzer Hummer mit schwankenden Antennen. Achinos, Seeigel mit schwach fingernden Stacheln. Silbrige Karrees mit dem Geblitz der winzigen Marides. Kalksteinfarbene Muschelhaufen zu schweren Thunfischtorsi mit dunkelroten Schnittflächen. Großflächige Rochen, junge Haie, rostbraune Unbekannte, groß und gußeisenähnlich aus der Tiefe vor Afrika.

Der Geruch des Meeres ist überall anwesend. Flink schneidende Messerklingen erinnern an flitzende Fische, Wassergespritze, glitschigen Boden und Gummistiefel, an die überspülten Planken der Fischerboote; und die Anpreisungen und Zurufe der Fischverkäufer sind in der Halle so laut, als befände sich die Agora im Sturm auf hoher See.

Die Athener Agora wurde wie alle schattenspendenden Hallen dieses Typs im 19. Jahrhundert erbaut. Ziller und Kleanthis, ein Deutscher und ein Grieche, waren die Konstrukteure.

Es hat den Anschein, daß in Athen noch niemand an ihre Verlagerung, was Abriß hieße, dächte. So würde es nicht dazu kommen, wie schon anderswo geschehen, daß eine Metropolis dieses Elementarereignis aus ihrem Kern tilgte, an die Stelle von pulsierendem Leben sterile Funktionalität setzte. Das an seinen Rändern verlangsamte Europa birgt in seinen Städten noch Umstände, die im Modernisierungsrausch mitteleuropäischer Zentren zu oft eliminiert wurden, was zu spät als Mangel erkannt wurde. Im ansonsten geplagten Athen gibt es glücklicherweise noch – die Agora.

Darauf sollte man in einer der drei Garküchen der Hallen einen Ouso oder einen Kartutso Krassi trinken. Und wer im Morgengrauen keine Angst vor seinem wirbelnden Beginn hat, sollte hingehen. Sicher ist da ein Hetzen mit Paketen, Kisten und schwankenden Rinderhälften, ein fortwährend drängendes Wegeabschneiden mit lenkendem Geschrei auf behinderndes Herumstehen …

Aber eine der Tavernen als Ziel macht Mut. Dort wird man Leute Alkohol trinken sehen, von denen die einen als Nachtlichter schon genug haben, die anderen sich aber mit einem Glas für die durchgearbeitete Nacht belohnen. Und in Kesseln ist der Patsas, der alles zusammenrichtet, gut und reichlich vorhanden.

Patsa I

Alle brauchen Patsa. Schauerleute, Maschinisten, Steuermänner, Wellenschmierer der Schaufelschrauben, die von
den Ankerwinden, Seilzuwerfer, Tauezieher, Pollerleute,
Aufpasser, Nachtschauer, Schraubennachzieher, unruhige
Nachtgänger, verlorene Gedanken suchend. Der, der die
pontische Lyra im Kasten hat. Lastwagenfahrer, Hafenste-
her, Losverkäufer, Taxifahrer, Kranführer, Auflister, Stem-
peldrücker, Schweißer, Rostabklopfer, Rohrputzer, Anstrei-
cher, ruhige Soldaten, Koffer, Packen, Bündel an der Wand.
Gescheitelte Hafengendarmen, Spitzel, Schieber, Tunicht-
gute, Weitersager, der Nichts- und der Alleswisser, der Ku-
lurakimann mit den Sesamkringeln, die Gardenienfrau, der
Abwarter, die geschminkten Schönen im Neonlicht, Mann
und Frau. Morgengrau.
Der Koch hinter dampfigen Scheiben, eine Hand an der
Kelle, die andere am Tellerturm, angewinkelte Arme schlur-
fender Ober.
Schräger Tisch, Brot, Löffel, Pfeffer, Salz, Papierserviette,
die Essigflasche mit der Kerbe im Kork.
Patsa nun auch vor mir.
Patsa, das die Nacht glättet
und den Tag auf die Füße stellt.

Patsa II

AYΓH, der Metzger

Vom Schafslamm oder Ziegenkitz vom Kopf und den Füßen
die feinen Teile, aus der Mitte die Kutteln und ein Stück
Darm, ausgelöst und gewaschen, geschnitten, gekocht und
gekocht, Salz, Knoblauchzehen, gekocht, bis das Wasser
flüssiger Alabaster wird, mit dem Tropfen Olivenöl der
bernsteinfarbene Anflug kommt.
Das gewöhnliche Patsa, wird vom Kalb gemacht, ohne Darm.
Es schmeckt fast genauso gut.
Zu beiden gehört das Skordostupi, der mit Knoblauch und
Kräutern versetzte Essig, Dosis nach eigenem Gusto. Eine
Prise roter Pfeffer, je nach Bedarf, ein Zuviel bringt Feuer
an die Magenwände und treibt das Wasser in die Augen,
während der Tag aufkommt, der Westen die Nacht anzieht,
im Osten die Agia Sophia die Sonne trifft.

Das »Panta«

Michalis und Peraskos hatten das »Panta«, das »Immer«, die Rund-um-die-Uhr-Küche, den Ausschank in einem alten Karree in Piräus. Tag und Nacht, heiß und kalt, Jahr um Jahr geöffnet, so daß keiner der Brüder noch den Tag der Eröffnung wußte. Manchmal stritten sie sich deswegen, sogar wegen der Zahl der Jahre, so lange bestand das »Panta« schon.

Bald nachdem in Athen die Panzer auf den Kampus gefahren waren, kam die von Graumännern ferngelenkte Abrißbirne auf das »Panta« zu. Michalis und Peraskos mußten schließen. Doch es ließ sich nicht machen. Die in die Mauer geschobene Tür kam nicht heraus, die Scherengitter auch nicht. Rost und Schmand hatte alles zusammengebakken. Nichts half. Das »Panta«, das »Immer«, mußte offenbleiben.

Michalis und Peraskos schraubten die Glühbirnen raus, nahmen den Wandspiegel mit und noch ein paar weitere Sachen. Ganz hinten, im dunklen Teil der Fettecke mit ihren hundert Gerüchen hausten Hunde vom Hafen, bis die Stahlbirne das »Panta« traf.

Trouba

Im großen Hafenbecken von Piräus, da, wo die kleinen und großen Passagierschiffe und Fähren anlegen, gibt es einen besonderen Kai. Er ist für die ganz großen Schiffe der Kreuzfahrten reserviert. Legt einer oder mehrere von diesen Riesen an, dann verändern sich die Maßstäbe im Hafen schnell – alle anderen Schiffe erscheinen kleiner und älter, selbst die Häuser an der Mole sacken ein wenig zusammen. Es sind die Kolosse – vom öligen Wasser hinauf über türmende Aufbauten bis in die letzten Verästelungen ihrer Radar- und Antennenanlagen – in strahlendem Weiß. Schwimmende Wolkenkratzer, vom Bug bis zum Heck lichterübersät, lunaparkleuchtende Ketten, über die volle Länge von Mast zu Mast gespannt; in der Mitte der Schornstein, hausgroß, farbig futuristische Architektur, auf einer Lichtbühne von Scheinwerfern überstrahlt.

In mannshohen Lettern tragen sie ihre Namen: STELLA MARIS – LEONARDO DA VINCI – MAXIM GORKI – FJODOR DOSTOJEVSKI – MICHELANGELO … nachts kommen sie, und nachts laufen sie auch wieder aus, mit einem Tag Aufenthalt für den Landgang der Kreuzfahrer, eingeglast in Klimabussen zur Akropolis, Stadtrundfahrt und zurück.

In Genua oder Venedig ausgelaufen, kreuzen sie von hier aus weiter nach Istanbul, Santorin, Rhodos, Limassol, Alexandria, Tunis, früher auch Beirut – demnächst Odessa?

An dieser Kreuzfahrermole zeigt sich Piräus mit einer stolzen Häuserzeile. Glatte Rasterfassaden im stumpfsinnigen Überallstil. Hoch oben die Neonreklamen von Reedereien, Ouso, Brandy, Zigaretten, *domestic tobacco*, dem Orienttabak in der flachen Zigarette, früher einmal der Geschmack in allen europäischen Kaffeehäusern ... All diese Reklameschilder schrumpfen auf die Größe von Visitenkarten, wenn die mächtigen Leiber mit der Bourbon-Scotch-American-Blend-Tobacco-Kultur an Bord am Kai festgemacht haben, als Grandhotel vor Anker.

Hinter diesem modernen Stück Potemkin-Piräus lag ein altes Stadtquartier – die Trouba. Sie bestand aus zwei Straßenzügen, die eine nachts hell-flammig und laut, der andere dunkel-glühend und still.
Ihre Häuser waren alt, einstöckig, zweistöckig, gemauert, viele ockerfarbig, andere dunkelgrün, zitronengelb, purpurviolett, grau und schwarz.
In der hellen Straße gab es Leuchtschilder, Bars, Kaschemmen, Tanz- und Glitzerschuppen, ein Cabaret-Café, Tänzerinnen, Musik, Schlangen, Magie.
In der anderen Straße bewegten sich dunkle Silhouetten. Stumpfrote Lampen da und dort, farbige Schimmer in den höher gelegenen Fenstern. Auf Stufen und in den Rücksprüngen kleiner Terrassen, drapiert wie Odalisken auf alten Bildern –, die Schönen der Nacht, Mondlicht auf Gesichtern, Schultern, Brüsten, Hüften und Schenkeln. Schwarze Augen, ägyptisch gefaßt, Zähne mit Perlmuttblitz, echte und künstliche Blondinnen, nubisch Dunkelhäutige marmorweiß überstäubt, die Wangen rot lackiert; Asiatinnen, die Augen starr auf die geschlossenen Knie gerichtet. Überall in dunklen Nischen und Fluren die Glutpunkte aufglimmender Zigaretten.

Das Cabaret-Café heißt »Kairo«. Innen ein Nebelfeld. Musik. Von weit oben schneidet ein Scheinwerfer einen Kegel in den Rauch. Rund um den Lichtkreis am Boden kleine Marmortische, Stühle dahinter, wieder Tische und Stühle. Alles besetzt bis auf einen Tisch direkt am Lichtkegel. Ein Ober lenkt mich am Ellbogen in die Richtung zum leeren Stuhl. Ich sitze und sehe nun durch die Lichtpyramide hindurch, daß die arabische Musik von vier Männern und ihren Instrumenten kommt.

Der kleine Kaffee, ein Glas Wasser, der Brandy landen neben meiner roten Zigarettenschachtel mit den drei Lauten auf Marmor ... Ringsum Gespräche, Lachen, Stühlerücken.

Der korallenrote Plüschvorhang bewegt sich, beult aus – Leila wird angekündigt. Der Lärm verebbt. Der Vorhang schlitzt auf, Leila erscheint und läuft in einen ziehenden Ton der Musik hinein, fängt sich in ihm, trippelt in kleiner Spirale in die Mitte des Scheinwerfers; dreht sich um die eigene Achse mit geschlossenen Armen über dem Kopf. Die Musik setzt aus, bleibt stehen mit Leila, die jetzt nur noch Ruhe, Säule und Schönheit ist.

Langsam setzt die Musik wieder ein, Leila bleibt Säule. Verschlungene Töne ranken an ihr hoch, der Unbeweglichen. Wieder bricht die Musik ab, setzt neu an. Nur ganz bestimmte Töne scheint ihr Körper anzunehmen, endlich reagiert er sehr, sehr langsam auf die Instrumente. Ein Flötenton hat es gemerkt, schnell bricht er aus, hastig umkreist er Leila, ängstlich, als könnte sie wieder erstarren, das Ornament von Tanz und Musik scheitern.

Zunächst noch, wie gebremst, muß der Rhythmus ihre Bewegungen ziehen. Dann holt sie auf, holt ihn ein. Trommelschläge machen ihn noch schneller, in schüttelnden Intervallen folgt sie mit den Schultern, während ihr Becken viel langsamer, verhalten, zu schwingen beginnt. Die Musik senkt die Rhythmik, stellt sich auf das mahlende Kreisen ihrer Hüften ein. Doch in heftigen Wirbeln schnellt sie aus dieser Annäherung – hinaus zum Rand des Lichtkegels, an die Tische, ihre Arme streifen ins Dunkel.

Die Instrumente, versöhnlich lockend, bringen sie in weichen Drehungen in die Mitte des Lichts zurück. Wieder beginnt das Spiel – das gegenseitige Ertasten im Rhythmus, die sinnlichen Arabesken im Rauch.

Die Instrumente haben gelauert, plötzlich überziehen sie die Tanzende mit einem Gewirr von Tönen, erzeugen asynchrones Zucken, die Laute werden fordernder, schneller, Leila zieht gleich, stimmt ein – gesteigerte Schwingungen – um den Nabel vibrierendes Becken, fliegende Brüste, wirbelnde Arme, in den Nacken geworfener Kopf – schnappende Flötentöne, ihr Körper verselbständigt sich zur vollen Rotation. Im Hintergrund zerfällt die Musik mit einem Schlag – Aufschrei, Applaus, Getrampel …

Leila wirft einen Schleier über ihre naßglitzernde Haut, verschwindet im Vorhang.

Der Lichtkegel wird abgeschaltet, der Raum beruhigt sich, die langen Koteletten der Kellner sägen durch den Qualm, Tabletts mit Gläsern und Flaschen schweben einher.

Leila tritt noch ein zweites Mal auf. Diesmal mit einer schweren Python. Ein völlig anderes Bild: Die große Frau mit dem goldenen Haar, jenem speziellen, nahe den Wurzeln leicht dunkler – die heilige Schlange Afrikas auf den Nacken gelegt, über die Brüste geführt, um die Arme gewunden, pythisch, orakelhaft.

Die Musik nun sehr schleppend, als hätte sie an der schweren Fessel mitzutragen. Der Tanz reduziert, eher kunstvolle Suche nach der Balance, zwischendurch unbewegt wie ein Standbild in indischen Tempeln.

Mit einer Hand hält sie die Python fest am Hals, direkt hinter den Kiefergelenken des dreieckigen Kopfes, der eigentlich nur ein Maul mit zwei Augen ist.

Leila beginnt mit dem vorgestreckten Schlangenkopf an die Tische zu tanzen. Blitzschnell stößt die Hand mit dem Pythonkopf auf mich zu. In höchster Überraschung reagiert man in seiner Muttersprache. Mir entfuhr: »Bluatsauerei!« Auch Leila zuckte zusammen: »Deutscher sind Sie? Ich komme an Ihren Tisch.« Sie kam.

Helga heißt sie, fünf Jahre Ägypten hatte sie als Tänzerin in Kairo hinter sich, aus Hamburg stammt sie, ist auch auf dem Weg dorthin zurück, legt hier nur eine Pause ein, solange die sechste US-Flotte vor Piräus liegt.

Rembetiko

Stühle nebeneinander, in einer Reihe aufgestellt.
Das Podest kam erst später.
Leute, der Stuhlreihe gegenüber, hörten ihr Drama,
im Gesang erfunden durch eigene Leute,
vom Bousouki getragene Worte.
Die Reihe der Musiker, streng auf Stühlen,
dazwischen, sitzend, ohne Gesten, der Sänger,
    die Sängerin,
eine lebende Ikonostase.
Das Mikrofon kam erst später.
Der nicht singen konnte, tanzte, trat den Boden,
    liebkoste ihn,
vergaß den anderen, den er verlassen mußte.
Der Rauch aus dem Tsimbouki verringerte den Schmerz,
den Hunger, die Erinnerung.
Dunkelheit überzog das Licht aus Petroleum.
Der Scheinwerfer kam erst später.
Das Bousouki lief ihnen davon, nahm sie mit in den
    Tagtraum.
Der tanzte, bekam den einzigen Teller unter die Füße.
Genug zu essen gab es erst später.
Der Rembetiko heilte bis übermorgen.
Der Fado oder ein Ire mögen das besser verstehen.

Maroussi

Wer am Omoniaplatz in Athen Griechen nach Maroussi fragt, wird sich wundern, an wie vielen Orten es sein könnte. Denn jeder Gefragte wird sofort seinen Oberkörper halb nach hinten drehen, mit einem ausgestreckten Arm in die Ferne zeigen, wobei der zweite Arm dem ersten mit schiebenden Gesten assistiert. Soviel ist sicher, Maroussi muß ziemlich weit weg sein, aber wo? Das Problem ist, daß bei den Griechen »weit weg« immer hinter ihnen, niemals seitlich oder gar vor ihnen sein könnte. Die zusätzlichen örtlichen Erklärungen lassen den Fremden ahnen, daß die angezeigte Richtung auf alle Fälle fiktiv ist und er gerade einer griechischen Eigenschaft auf die Spur kommt, die es nicht nur am runden Omoniaplatz gibt.

Maroussi ist ein längst eingemeindeter Vorort Athens, ehemals ein pittoreskes Dorf mit Häusern inmitten von Gärten, vielen Töpfereien und Psistaries, den Ausflugstavernen.
Durch Henry Millers »Koloß von Maroussi« wurde der Ort weltweit bekannt. Inzwischen ist in seiner Umgebung ein gigantisches Gewerbegebiet entstanden. Dort starb vor kurzem der im Geist reichste Maler Griechenlands, Jannis Tsarouchis. Zuerst Philosoph, dann Künstler und großer Zeimbekiko-Tänzer – und im Spaß behauptete er, am fleischlosen Freitag statt der Fische und Mollusken

des Meeres muskulöse Matrosen zu malen. In Maroussi schicken versteckte Tavernen und Keramikwerkstätten weiterhin ihren würzigen Rauch in die Atmosphäre. Und so ist es auch noch möglich, zwischen aller Modernität aus Beton, Asphalt und Blech einem lehmverschmierten Menschen zu begegnen.

Kleiner Athener Stadtgang

Im eckig neuen Athen dominiert das Quadrat in intelligenter, mittelmäßiger und bisweilen brutal dummer Gestalt. Für mich ist es wie Balsam, daß überall das Gelände fällt und steigt, die senk- und waagrechten Geraden der Bauten immer auf einen schiefen Boden treffen, einen Reichtum an Zwickellösungen für die Eingangsstufen erzeugend.

Ich glaube, die Athener Architekten haben das raffiniert mit einkalkuliert, sonst würden sie nicht so hemmungslos die geraden Linien ihrer Kästen feiern.

Wenn mir all die Krümmungen wieder einmal besonders fehlen, gehe ich schnell zu all den organischen Formen in einem der Museen. Wenn diese schon zu sind, in den weichen Dämmer byzantinischer Kirchen, die im Zentrum da und dort wie von Hand modelliert herumstehen.

In der Plaka, der Altstadt unter der Akropolis, trifft viel Schiefes aufeinander, fast zuviel, so daß mich der antike und präzis achteckige Turm der Winde zwischendurch schon mehrmals aufgerichtet hat.

Ein schwieriges Terrain ist auch die Kolonaki-Gegend. Dort oben trifft sehr viel Spitzwinkliges zusammen. Nicht nur in architektonischer Manier. Hier ist auch das Leuchtfeuer des Zeitgeistes installiert. Seine Accessoires sind die Edelboutiquen, die Edelcoiffeure, einfach alles was durch Design hilfreich geadelt werden kann. Viele Handys und Dandys. Dort ist man »in«, alle sind über alles bestens informiert, und kosmopolitisch ist das Flair à la grecque, was die Sache ebenso speziell wie unernst macht.

Der spitzeckige Kolonakiplatz hängt schräg wie ein kleines Segel zwischen den hohen Häusern, weiter oben enden die Sträßchen und führen nur noch als Treppen weiter am Lykabettos hinauf. Unten am Platz, gegenüber den Caféterrassen steht ein kleines modernes Denkmal. Es ist eine Skulptur aus Bronze, ein kräftiger weiblicher Torso ohne Kopf und Arme, jedoch mit einer unversehrten Laute im Schoß …

Noch ein Stück weiter unten am Platz steht ein sehr dickleibiger mannshoher Briefkasten – eine Rarität, er ist oval und wirkt mit mehreren Einwurfschlitzen wie das Monument eines Anthropophagos, der sich mit Papier zufrieden gibt. Die zunehmende Technik des Faxens wird ihn in Zukunft hungriger machen.

Postalisches und Kynisches
vom Platz der Verfassung

An diesem Novemberabend ist es schneidend kalt am Syntagmaplatz in Athen. Vom Parlament herunter kommt ein stechender Nordwind hinzu. Der helle Marmor an den Fassaden, der im Sommer immer für Kühle sorgt, wirkt jetzt abstoßend und eisig. Zwanzig Uhr zehn – das große Postamt hat schon zu. Durch die Scheiben sieht man ein paar Gestalten hinter den Schaltern sitzen. Ein fades Licht gilbt sie an, die Vertreter einer weltweit lustlosen Kaste, die an der Geschwindigkeit, frankiertes Papier zwischen Absendern und Adressaten hin und her flitzen zu lassen, nur mäßige Freude hat.

Draußen sind zwei ältere Briefmarkenautomaten außer Betrieb, der dritte ist neu und funktioniert digital; er wechselt nicht, nimmt nur ganz kleine Münzen – und die habe ich nicht.

Hundelärm – ich drehe mich um und sehe ein Rudel mächtiger Exemplare. Gespenstisch sind sie aufgetaucht und fegen über den Platz. Schon denke ich, die bereiten eine Attacke auf den neuen Hamburger-Laden vor, der das alte Café Papaspyrou geschluckt hat. Im wilden Durcheinander zähle ich sechs oder sieben, die auf einen weiteren einbeißen. Der krümmt sich wie ein Hufeisen, hinten schützt er sich in halber Hocke mit eingezogenem Schwanz, vorne schnappt er zurück. Der raufende Haufen Bastarde scheint aus lauter Verwandten zu bestehen, scheckig gefleckt und doch in einer gemeinsamen Ockerfarbe. Die Meute hadert weiter im Kreis – vor einer großen Ansammlung müder Menschen, die auf Busse warten.

Ich bin bei einem nahen Rund-um-die-Uhr-Kiosk angelangt. Er führt natürlich keine Briefmarken (er liegt ja vor dem Postamt), und Wechselstube für das lahme Institut will er auch nicht sein. Also über die Straße, da steht ein Kiosk an dem anderen. Dem ersten sind die Briefmarken ausgegangen, doch bietet er von selbst das kleine Wechselgeld für die Automaten an. Ich kaufe eine Zeitung dazu.

Auf dem Weg zurück. Irgend etwas ist entschieden, die Hunde stehen holzbeinig starr vor dem Postamt herum. Bewegung nur an einer Stelle: Einer versucht mit glitzernder Rute eine vibrierende Hündin zu nehmen. Die Position ist vertrackt, sie steht unverrückbar rückwärts zur Bordsteinkante, er mit den Hinterbeinen mutig in der Busspur – und zu weit unten. Die an der Haltestelle Wartenden merken auf, sie interessiert das Dilemma. Für einen Augenblick fährt ein neuer Wirbel unter die Hunde. Alle Standorte sind verändert und neu bestimmt. In dieser Figuration kommen die beiden zusammen. Der Akt nimmt seinen Verlauf, die Leute sind sichtbar interessiert, das Warten ist vergessen. Die Hündin schaut unentwegt starr auf die Menschen – er hat zu tun. Endlich schwenkt er herunter – kommt aber nicht mehr aus ihr heraus. In diesem siamesischen Zustand bleiben sie in einem auseinanderstrebenden Winkel fixiert. Alles wartet.

Die Münzen passen, der Apparat blinkert, die Marken erscheinen, mein Brief verschwindet im Kastenschlitz.

Wieder drehe ich mich um – die Zeit ist stehengeblieben, die Hunde, die Leute.

Ich denke, wie war das mit den Kynikern und ihrer Rhetorik und dem Realo Diogenes? Hier, so ganz nah am Staat, an dieser uralten Stelle, könnte es gewesen sein. Nein, diese Idee lasse ich wieder fallen. Die hier sind keine richtigen Stadthunde, das sind heruntergekommene Gefährten der Artemis, der Göttin der Jagd. Wäre sie dabeigewesen, der Sturm auf den Fleischklops-Tempel wäre erfolgreich gewesen und würde bald in den griechischen Mythologien stehen.

Jetzt hält ein Trolleybus, die Menschen drängen hinein, ich springe mit auf und sehe die unbewegten Hunde immer kleiner werden.

Lefteris – Bilder eines Platzes

Der kleine Platz weitab vom Zentrum Athens sieht aus wie immer, die Leute überqueren ihn nach allen Richtungen, stehen da und dort herum. Und wie immer ist nur zu raten, wer in diesem gemächlichen Hin und Her wirklich ein Ziel hat, einen geschäftlichen Gang erledigt oder hier nur so vorbei kommt, um sich zu dieser Tageszeit auf den schattigen Caféterrassen unter Bäumen und Markisen niederzulassen.

Bei dieser Hitze ist es natürlich, daß die Bewegungen der Leute sehr verhalten sind. Nur wer durch das volle Sonnenlicht muß, schreitet ein ganz klein wenig schneller dahin, während die anderen im Schlagschatten der Häuser so langsam schlendern, als wären sie in Zeitlupe unterwegs. Vom Café aus gesehen, erinnern die stehenden und ruhig bewegten Figuren auf der plattenbelegten Fläche an eine Schachpartie, an ein metaphysisches Bild – bis der im Raum fuchtelnd auftauchende Lefteris dieses Gedankenspiel verscheucht.

Lefteris gehört zum festen Bestand des Platzes wie die zwei Palmen vor der kleinen Kirche, der Briefkasten unter einem Bäumchen und der ewig herumschnürende Losverkäufer.

Bei den Palmen hält der Blick immer wieder inne, ihre hohen Stämme sind wie ornamentierte Rundsäulen, und die oben im Bogen ausschwingenden Wedel wiederholen sich wie beabsichtigt dahinter noch einmal in versteinerter Form im Gewände der Kirche mit ihren Säulen und Rundbogen.

Diese orientalische Szene wird ein Stück weiter durch eine surreale Figuration abgelöst: Der Briefkasten steht auf einer dünnen Stahlrohrstelze genau mittig unter dem Bäumchen, dessen Krone von einem Gärtner zu einem überdimensionalen Hut mit breiter Krempe zurechtgeschnitten wurde. Wer zum Briefkasten will, muß sich leicht bücken, denn die gerade Hutunterseite verläuft haargenau über dem gelben Kasten. Aus der Ferne, von den Cafés aus, ändert sich je nach Stimmung die schwebende Zauberfrage: Verschwindet der kleine Kastenkopf nun im Hut oder nicht? Oder auch: Wer hat ein Leben lang auf diese skurrile Symbiose zwischen einer Blechkiste und einem Baum hingearbeitet?

Wenn Lefteris über den Platz kommt, verläßt der Blick die gewöhnlich bewegten Menschen. Lefteris geht nämlich ebenso rudernd wie fliegend vorwärts. Er greift nach allen Seiten aus, als wäre er in einen Kampf mit der Luft und der Schwerkraft gleichzeitig verstrickt. Bisweilen bleibt er leicht verdreht stehen, man bemerkt, wie er sich konzentriert, um mit neu ansetzender Unwucht in der gewollten Richtung weiterzukommen. Und wer ihn so zum erstenmal sieht, fürchtet sich fast, einmal auf einem der schmalen Gehsteige dieser picassoesk verspringenden Silhouette zu begegnen.

Lefteris, der intelligente, spastisch schwer geschlagene junge Mann, ist integraler Bestandteil des Platzes. Er läßt sich in jedem Café nieder, bekommt überall sein Getränk mit fürsorglich angeknicktem Strohhalm, der die abrupten Bewegungen zwischen Kopf und Glas elastisch überbrückt.

Soweit der erste Blick des Fremden auf Lefteris und seine

Umgebung. Erst später wird er Lefteris am Rathaus wieder-
sehen, an der Tür einer Anwaltskanzlei, am Kiosk und an
der Bushaltestelle. Überall steckt man ihm Umschläge oder
kleine Päckchen in eine der vielen Taschen seines Armee-
anoraks oder nimmt welche heraus. Für Lefteris' kleine
Botengänge in der näheren Umgebung ist der Platz das
Zentrum, und alle Cafés sind seine Büros.

Schwere Zeit

Drei der Periptera, von den fünfen am Platz, haben auch die
ausländische Presse im Sortiment und rundum ausgehängt.
Wir befinden uns sehr weit weg vom Zentrum Athens, quasi
in einer Vorstadt zwischen vielen anderen Vorstädten an
einer Stelle, wo der unkundige Fremde sich absolut verloren
glaubt, obwohl er sich auf einem höchst urbanen Platz mit
vielen Cafés, Palmen und Platanen aufhält, und er schon an
einem Sonntagabend am Kiosk den SPIEGEL, die eigentli-
che Dosis Gift für den Montag, bekommen könnte.
Es passiert, daß sich Schiffe um Stunden oder Tage verspäten, die Busse ausfallen, Taxifahrer streiken – der Kurier
vom Flughafen wirft seine Bündel regelmäßig an den Periptera ab. Logistik und Pünktlichkeit der LUFTHANSA setzen sich in diesem Mann bis in die weitesten Verästelungen Athens fort, es sei denn, der Tag, an dem die Stadt
kollabiert oder seine Schwester endlich heiraten will, ist
gekommen.
Eins der drei Periptera ist der absolute Papiermagnet für
griechisch-arabisch-englisch-niederländisch-deutsch-fran-
zösisch-italienisch-japanisch-russisch-spanisch-skandina-
visch Bedrucktes. Jeden Tag findet am Kiosk eine kosmo-
politische Buchstabenexplosion statt.
Von allen Tageszeitungen sind hier am Wochenende die
deutschen am meisten gefürchtet. Umfang und Gewicht
strapazieren die Ständer, sie bringen eine Unwucht in die

Balance der Blätter am Peripteron. Der Kioskmann, die Kioskfrau schütteln immer die Köpfe.

Was müßt ihr für Wochenenden haben? Soviel Mitteilungen? Lesen, lesen, lesen! Und zwischendrin in der Woche, noch mal so ein Monsterpaket? DIE ZEIT, wo nehmt ihr bloß die Zeit her? Mitten in der Woche? Und den Platz? Bei euch regnet es viel; im Freien, wo genügend Raum zum Lesen solcher Giganten wäre, geht es also nicht. Nimmt man bei euch so was mit ins Haus und wirft dafür ein paar Möbel zum Fenster hinaus?

Ich mußte die gekaufte Zeitung und die Zigaretten wieder ablegen, weil ich beide Hände zum Reden brauchte. Es war schon schwierig genug, gebückt durch die niedere und schmale Öffnung in die Enge des Peripteron hinein zu erklären, daß das alles keine Umstände verursache, weil bei uns die Leser der Zeitungen mit Übergrößen diese Volumen in öffentlichen Verkehrsmitteln gar nicht aufschlagen dürften, da es verboten sei. Andererseits hätten diese Lesetüchtigen extrabreite Villen oder weiträumige Altbauwohnungen, wo sie diese vielen Quadratmeter Papier in aller Ruhe ausbreiten und zurechtlegen könnten, um problemlos das Gedruckte hin und her zu wenden und zu studieren.

In der einen hochgezogenen Braue von Frau Kalliope kräuselte sich ein kleines Gewitter und zog mit den Wellen der Stirnfalten bis zum Haaransatz hinauf. Der darunterliegende Mundwinkel rückte ebenfalls mit in die Höhe und ermöglichte es einem Goldzahn, mir zuzublinken. Kyria Kalliope schien blitzschnell gleich mehrere Aspekte zu überreißen: Ist es das grauenhafte Griechisch dieses Xenos, lügt er wie gedruckt, und gibt es deshalb auch Kreter in Germania, oder ist er ein *trellos anthropos*?

Nach letzterer Erwägung wäre ich nur ein Verrückter. Damit könnte ich zufrieden sein, denn ich würde mich kaum von jenen Griechen unterscheiden, die im Werbe-Fernseh-Zweikampf von Maggi und Knorr um die hellenische Pulver-Suppen-Vorherrschaft ihre Nerven verloren haben.

Werner

Am 20. Januar gegen 22.30 Uhr stand in Halandri an der
Endstation der Gelenkgliederbus der Linie 450. Im Bus, alle
Türen waren geöffnet, saßen vier oder fünf Leute, die, man
spürte es, leicht fröstelten und vielleicht froh waren, daß der
laufende Motor Wärme suggerierte und dabei den ganzen
Bus in mildem Zittern hielt. Gerade eingestiegen, dachte
ich, diese wohltuende Vibration könnte vorne über dem
Unterflurmotor besonders stark wirken – ich war klamm
und steif. Zu dieser Zeit kann es in Athen kalt sein, nicht zu
sehr, aber zugig bis auf die Knochen. Vom Fahrer war nichts
zu sehen. Das war üblich – sie vertraten sich draußen die
Füße, holten Zigaretten am Kiosk oder tranken eine Tasse
Kaffee im Kafenion an der Ecke.
Das regelmäßige Nageln des Diesels im Leerlauf wirkte wie
ein Mahlwerk, in dem die Zeit langsam zerkleinert wurde.
Noch ein paar Leute stiegen zu und setzten sich auf die
vibrierenden Plätze. Schräg dem leeren Fahrersitz gegenüber sitzend, schaute ich auf die digitalen Impulse der Uhr
im Armaturenbrett; die Zeit verschwand weiter im Motor.
Der Athener Verkehr läßt es nicht zu, daß Busse sich an die
Regelmäßigkeit eines Fahrplans halten könnten. Durch-
kommen ist ihre einzige Devise. Es kommt vor, daß ein Bus
an der Endstation keine Pause macht, weil er hinter der Zeit
herfährt. Umgekehrt kann es sein, aber das ist selten, daß
er die Zeit überholt hat und an der Endstation auf sie wartet.

Ein solcher Fall schien es zu sein, der Fahrer blieb weiterhin verschwunden. Auf die summende Bank gegenüber setzten sich zwei neue Fahrgäste, eine Vorstadtschönheit und ein alter Herr mit Hut.

Jetzt steigt eine weitere Person zu und setzt sich hinter das Steuer – es ist der Fahrer und jener Werner aus München zugleich. Ein Schock! Es ist, ja es ist mehr als Ähnlichkeit, es muß Werner sein. Alles stimmt, auch die glattstiftigen Haare, blondgrau vermischt. Noch während ich mit meiner Verwirrung zu tun habe, geht die Vorstadtschönheit zum Fahrer und fragt nach irgendwas. Ich schaue auf Werners Mund – es kommt ein griechischer Schwall heraus, meine Konfusion legt sich, ich finde wieder etwas Halt. Die Frage der Schönheit hatte wohl mit Abfahrtszeiten zu tun, und Werner hat alle Informationsregister gezogen, um die Schöne möglichst lange auf der Stelle zu bannen. Dabei nickt er auch laufend an ihr vorbei zu mir herüber, damit ich den Fahrplan richtig mitbekomme – aber auch den unmerklichen Stolz darüber, daß es ihm gelingt, soviel Schönheit zwischen uns aufzuhalten: für ihn die Vorder-, für mich die Rückseite. Diese Art der erweiterten Kommunikation ist eine der tausend Möglichkeiten, Normalität unterhaltsam aufzuladen, alle machen mehr oder weniger mit, auch die Schönheit nimmt ihre Rolle an, und der Fahrerstand wird zur improvisierten Bühne. Niemand merkt, wie die Normalzeit im Motor verschwindet. Die Schönheit setzt sich befriedigt auf ihren Platz zurück.

Allein in Werners Blickfeld, redet er einfach weiter auf mich zu. Jetzt bin ich dran. Wie stoppe ich den sprudelnden Werner, wo ich doch nur einen Bruchteil seiner schnellen Kaskaden verstehe und ein freundliches Zunicken bei ihm einen wahren Wortschwall auslösen könnte?

»Xenos ime!« blecke ich zu ihm hinüber. Fremder bin ich!

Werners blaue Augen werden für einen Augenblick zu fragenden Kugeln – und bevor er neue Töne auf seine leere Zunge bringt, ziehe ich blitzschnell meine Zeitung unter dem Arm hervor und halte sie ihm aufgeklappt hin … Werner, Distanz! Ich verstehe nichts! Zwischen uns liegen Welten! Die Sache scheint gewonnen: Ich bin ich, der Fremde – und der fremde Fahrer nicht Werner. Die anderen Fahrgäste merken auf – Zeitung in der Luft? Ein neues Spektakel gegen die Wartezeit? Dann schlägt seine Zunge zu: Der Nichtwerner ist wieder Werner: Die alte FAZ! lächelt er, eine wahre Flut bricht in deutsch über mich herein. Der Lautumschwung macht auch die übrigen Fahrgäste perplex. Siebenundzwanzig Jahre Brummi für eine Frankfurter Spedition gefahren. Werner kennt jede Stadt in Deutschland. Werner fuhr Fleisch nach Tel Aviv und kam mit Mandarinen nach Frankfurt zurück. »Und München? – Kennst du diese Eckkneipe am Münchner Ostbahnhof?« – Himmel! denke ich, was wäre passiert, wenn sie sich dort getroffen hätten? Spiegelverkehrt? Ein jeder glaubt plötzlich, er wäre der andere? Nicht auszumalen!

Werner schaut auf die Uhr, bietet mir eine Zigarette an, steckt sich selber eine in den Erzählstrom: »Jetzt müssen wir fahren.« Es geht die endlose Ethnikis Antistasseos Richtung Athen hinunter. Diese Straße des Widerstands ist gerade fünfzig Jahre alt geworden. Noch an ihr ist meine Haltestelle in Sicht: Niemand steht dort, und außer mir will niemand hinaus – ich drücke diesmal nicht auf den Signalknopf zum Aussteigen. Zum Fahrer sage ich: »Werner, halt an …« Er lacht: »Werner nennst du mich? In Piräus ist für mich Schluß, fahr mit, dort warten zwei Gläser auf uns …« Das geht nicht, leider. Außerdem, wie hätte ich es ihm erklären sollen, nach soundso vielen Gläsern, daß er für mich zwei Personen in einer war …

Bus

Die alten griechischen Überlandbusse waren durchweg amerikanische Fords, aus alten Armeebeständen – wir schreiben das Jahr 1960 und davor. Diese Kisten hatten noch alle den Motor zwischen den Rädern über der Vorderachse und somit eindrucksvolle Nasen. Farblich waren die Busse der Länge nach halbiert, oben weiß und unten blaß türkisgrün. Irgendwie wirkten sie allesamt etwas verzogen, durch ihr Alter, durch das ewige Herumflicken, Ausbessern und Überstreichen. Mit den vielen Dellen, den verschossenen Farben und mit dem unterschiedlichen Wackeln von Busgehäuse und geriffelten Motorhauben fuhren sie durch die Gegend wie angebrauchte Zahnpastatuben von Zyklopen.

Manchen Kästen, bei denen die Bodenbleche durchgerostet waren, hatte man einen Bretterboden eingezogen, die Fugen gegen den Staub dicht gemacht – mit Hanf und Teer – wie die Decks der Kaikis.

Alle Überlandbusse hatten über die ganze Länge Dachständer mit einer Leiter. Die meisten Leute hatten so gut wie kein persönliches Reisegepäck bei sich – aber Waren aller Art. Abenteuerlich verpackte Gegenstände mit aberwitzigen Verschnürungen, viele kleine und große Henkelkörbe aus Bambus- und Weidengeflecht – mit Früchten, Käse, Gemüse, die Öffnungen mit groben Stoffen abgedeckt und mit dem Korbrand ringsum grob vernäht, Aufschriften mühsam

mit feuchtem Tintenblei. Riesenflaschen und Ballons mit Öl und Wein, korbumflochten oder in Eisengestellen, auswattiert mit roher Baumwolle; Stühle, zerlegte Bettgestelle und gerollte Matratzen. Bündel über Bündel ... Dazwischen Zicklein mit zusammengebundenen Füßen als nicht fortlaufendes Paket. Hühner traubenweise über dem Krallendreieck aneinandergeschnürt. Flächig getrocknete Stockfische in Ballen, wie steife Häute von anderen Tieren merkwürdig anzusehen. Alles auf dem Dach übers Land.
Endloses Schaukeln und Schütteln, Ächzen. Schauen, Reden und Schlafen.

Busfahrer waren in der Regel sofort zu erkennen. Es waren die Männer mit einem extrem langen Nagel an einem der kleinen Finger ihrer Hände. Der lange Nagel galt als Prädikat für gehobene Arbeit und setzte das Signal: Sein Träger ist weit von Tätigkeiten entfernt, wo sich andere die Hände schmutzig und schrundig machen, die Nägel einreißen, brechen, ruinieren.
Der Fahrer war stolz auf seinen Bus und seinen Nagel. Mit diesem hörnernem Statussymbol war vorsichtig umzugehen. Bei dem Griff nach Kaffeetassen und Wassergläsern wurde der Nagelfinger steif nach außen gestreckt. Im Bus ebenso vom Lenkrad und nur auf dem runden Knauf der Langstockgangschaltung, ruhte die meist auch noch mit schweren Ringen bestückte Hand sicher wie die der Bischöfe und Marschälle auf ihren wertvollen Insignien. Das schwere Auf- und Abladen über die Leiter vom Dach des Busses, das Öffnen und Schließen der Vorder- und Hintertüren besorgte der Mikros, der Kleine, er hatte auch die Fahrscheine während der Fahrt zu verkaufen, so winzig wie eine Briefmarke. Routinierte Fahrgäste kniffen die kleinen Papierblättchen zusammen und schoben sie zwischen Ring

und Finger. Während der »Kleine« Schaffner, Gepäckverlader und Kassierer in einem sein mußte, tat der Fahrer nichts anderes, als den Bus zu steuern.

Das Fahren war wirklich nicht leicht. Die Steuermänner mußten alle ihre Sinne aufwenden, um die schwierigen Gegebenheiten der Straßen zu überwinden, nicht eingerechnet die Macken der Busse mit Starrachsen, den enorm großen Lenkrädern zur direkten Übertragung der Körperkräfte auf den Spurverlauf der Räder. Ein guter Fahrer hatte die Strecken genau im Kopf, er kannte im voraus die federbrechenden Quergräben und -rillen, Krater, Schlaglöcher, einzeln oder in ganzen Verbänden, eingesenkte Fahrspuren mit ölwannenköpfenden Steinspitzen dazwischen.

In der Buskabine ließ der Bereich des Fahrers Rückschlüsse auf seine Persönlichkeit zu. Selbstverständlich führte eine elektrische Litze aus dem Kabelgewirr unterhalb der Armaturen hoch zum Stirnbrett über der Frontscheibe. Dort war ein kleines rotes Lämpchen als Ewiges Licht zu betreiben. Sofort daneben die Miniaturikone einer Panagia, der Frau mit Kind, die von allen Heiligen am einsichtigsten und zugänglichsten war. Es folgte meist das Bild eines anderen Heiligen, den man besonders schätzte und von dem auch gute Verbindungen in die Werkstätten des Schicksals zu erwarten waren.

Die, denen der christliche Glaube nicht alles versichern konnte, brachten auch noch das Mati an, das heidnische Glasauge, das die Gefahr und den bösen Blick bannte, wenn nicht gar zurückwarf.

Von links nach rechts nahmen die Symbole und Fetische ab, und somit auch die öffentliche Demonstration der spirituellen Zeichen des Chauffeurs.

Gelegentlich war es üblich, daß Familienangehörige in

Form von Fotos die Ikonenreihe fortsetzten und auf diese Weise auch überallhin mitfuhren.

Der übrige Teil der Stirnleiste bis in die äußerste rechte Ecke blieb entweder frei oder war mit der ausgeschnittenen Abbildung eines modernen Busses, mit einem Eisberg auf der Postkarte des Bruders aus Alaska, mit dem Michelin-Männchen oder mit drallen Blondinen, verliebt in Gummireifen, beklebt.

Zusammengefaßt war der griechische Überlandbus vielen anderen Vehikeln in vielen Ländern nicht überlegen. Allein durch das Detail einer fahrbaren Ikonostase unterschied er sich von ihnen. Spezialisten waren und sind der Auffassung, daß die Innenseite der Busfront den Charakter einer multidimensionalen Ikonostase hat.

Neuerdings, seit der Reprivatisierung innerstädtischer Buslinien, nimmt die Individualisierung im Fahrerbereich noch zu.

Im August 93 fuhr ich mit der 450er Linie in einem modernen Gliederbus mit Unterflurmotor. Der Fahrer hatte ein ziemlich gutes Bousouki im Radio – und auf der Stirnikone, zwischen das rote Lämpchen und die Panagia waren ein paar frische, duftende Blumen gezwängt – am Tag darauf war der höchste Marienfeiertag im Jahr.

Rechts kam der Aufkleber von Olympiakos-Piräus, es folgten in Holographie Mund und Augen einer Schönen, danach der Schriftzug einer bekannten Automarke und der Kopf des Karagiosis, und ganz außen versuchte Batman in die linke Ecke zu stürmen.

STASIS – Aussteigen.

Das Peripteron

Das Peripteron ist von allgemeiner und somit großer Wichtigkeit – in der Großstadt, in der Kleinstadt und auf dem Dorf.

Peri bedeutet rundum, Pteron ist der Flügel. Peripteron ist auch der klassische Tempel mit einem allseitigen Säulenportikus.

Unser Peripteron aber bezeichnet einen zentralen Punkt mit ungleichem Rand – sein unsichtbarer Flügel streicht zärtlich über dieses Einzugsgebiet, dem es seine Existenz verdankt.

Würde man alle Periptera Griechenlands einsammeln und aufeinanderstapeln, so käme ein sehr hoher Wolkenkratzer zustande: ein riesiger Mischkonzern aus Kaufhaus, Nachrichtenstation, Telefonamt, Pressehaus, Hinterlegungszentrale für Botschaften und Gegenstände aller Art, ambulanter Schnellversorgung vieler Gebrechen, Eis- und Getränkeabteilungen und so weiter. Alles in allem – ein gigantisches Kommunikationszentrum …

Das jeweilige Peripteron gibt es jedoch nur als kleine Einheit, mehr oder weniger mit allen genannten Funktionen über das Land verstreut.

Jedes einzelne ist ein sehr kleines Bauwerk mit meist einem pagodenähnlichen Dach, häufig durch schattenwerfende und regenschützende Stoffmarkisen vergrößert.

63

An stark frequentierten Straßen stehen sie zuhauf, die Periptera. An großen Plätzen können sie wie Pilze in Hexenkreisen vorkommen, alle zwanzig Schritte ganz sicher ein Pilz. In stillere Stadtteilen oder in Dörfern findet man sie seltener, doch irgendwo steht immer eines, das sich bequem zu Fuß erreichen läßt. Ob Land oder Stadt, überall sind seine Holzteile ockerfarben gestrichen. Ist das Peripteron einmal zugesperrt, so wirkt es wie ein geschlossener Schrein zur Fastenzeit.

Zur Grundausstattung eines klassischen Peripteron gehören: Telefon, Zeitungen, Zeitschriften, Zigaretten und Tabakwaren, Streichhölzer und Feuerzeuge, Schreibwaren, Klebstoffe, Kugelschreiber, einzelne Briefumschläge, Briefmarken, Nagelknipser, Haarklammern, Seife, Papiertaschentücher, Präservative, Rasierklingen, Nadel und Faden, Hansaplast, Handcreme, Spielkarten, Kekse, Limonaden, Kaugummi, Zahnpasta, Aspirin, Kombolois, Schlüsselanhänger und kleinstes Spielzeug und immer noch etwas, an das man gerade nicht gedacht hat – richtig, eine neue Glühbirne, Schuhcreme …
Es gibt Periptera mit noch größeren Sortimenten, oder bestimmter Spezialisierung, je nach Lage und Ort.

Die Grundgestalt eines Peripteron ändert sich so gut wie nie. Doch seine Erscheinungsformen sind so verschieden wie die bunter Vögel.
In Athen am Syntagma-Platz mit seinem Parlament, den Hotels, den Banken und Cafés nehmen sich die Periptera wie Papierarchitekturen aus. Mit Zeitungen aus aller Welt sind sie kunstvoll drapiert, dicht an dicht, mehrfach überlappt und gestaffelt, unterfüttert mit internationalen Taschenbüchern und im Inneren ebenso austapeziert.

Diese Periptera sind in der Regel rund um die Uhr geöffnet. Durch den Wechsel der Tageszeitungen aus nah und fern erneuert sich ihr Gefieder mit frisch Gedrucktem fast ununterbrochen.

In den Gegenden der Konsulate, Botschaften und Villen, wo es etwas ruhiger zugeht, trifft man auf Varianten der gefiederten Periptera. Hier gibt es sie mit weit ausgefahrenen Seitenflügeln, die die schweren Federn internationaler Dickzeitschriften tragen. Diese im Wochen- und im Monatsturnus mit neuer Glanzpapierfracht beladenen wirken gelegentlich wie zu fette Adler, denen auch kein Aufwind mehr helfen kann.

Im Gewühl der Agora trifft man auf völlig andere Periptera. Dort stehen sie wie gefährlich umspülte Pfeiler im großstädtischen Gewoge.

Im Chaos der Angebote und Waren, in der engen Bedrängnis durch die allseitige Konkurrenz reagiert manches Peripteron mit überraschenden Verwandlungen …

Eines, völlig auf seine Grundform reduziert, sticht dunkelschuppig ins Auge. Allseitig ist es mit Sonnenbrillen bestückt – aufgespießt wie eine Sammlung exotischer Schmetterlinge. Beim Näherkommen spiegelt sich in den gewölbten Gläsern die Umgebung hundertfach zerlegt und bewegt wie auf Miniaturmonitoren.

Ein anderes hat an den überstehenden Dachkanten rundum einen günstigen Posten Sakkos als Fassade gehängt. Dazwischen wie die Schals von Giganten, weiß-blau vernähte Streifen, griechische Fahnen; der Besitzer oder die Besitzerin bleibt unsichtbar in diesem Kleider- und Fahnenzelt – nur das Sprechgeknatter einer Fußballübertragung im Transistor dringt nach außen.

Schräg gegenüber ein präzis kantiger Farbkubus. Das Peri-

pteron mit den Tonbandkassetten, wie mit kleinen Farbglas-
ziegeln zugemauert – eine einzige kleine Öffnung für durch-
reichende Hände und ein halbes Gesicht.

Im Textilviertel ist das Peripteron ganz und gar zum Cha-
mäleon geworden. In den farbigen Sprühregen von tausend
Knöpfen eingehüllt, ergänzt es die Auswahl der nahen Ge-
schäfte.

Von einem weiteren blinkt der Modeschmuck, metallisch
glänzend, im Licht. Talmi vom Schuppenschwanz einer
leichten Sirene?

Neben der kleinen Kirche mit dem tiefen Dunkel im Türrahmen hält wieder ein anderes gegen kleine und große
Sorgen die nötigen Hilfsmaterialien bereit: Silberblech-
plättchen mit eingepreßten Füßen, Armen, Brüsten, Nasen,
Augen, Ohren, Ehepaaren. So werden die großen Ikonen
daran erinnert, wo geholfen werden soll. Auch Weihrauch
gibt es hier, in verschiedenen Geruchskombinationen. Für
unterwegs in Aluminiummünzen eingestanzte Heilige, kleine Taschenikonen aus Holz. Und für alle Fälle das Mati –
glasblau gegen den bösen Blick.

An den Magistralen der Touristen, um die Sehenswürdig-
keiten gleicht ein Peripteron dem anderen in auffälliger
Monotonie: Postkarten, Postkartenleporellos, Stadtpläne
aus der Vogelperspektive, Filme, Cola, Hüte, der Parthenon
als Kopf-, Hals-, Taschen- und Schneuztuch, ein Appolon in
Seife …

Ganz hinten in Piräus wird auch das Peripteron etwas kar-
ger. Das Angebot signalisiert nun keinen unendlichen Über-
fluß mehr. Das Grundsortiment ist hier auf das Praktisch-
Notwendige des Alltags ausgerichtet. Taschenlampen und
Batterien kommen hinzu, kleine Korkplatten, mit Nylonfä-

den und Angelhaken umwickelt, für die Zeit im kleinen Boot weiter weg vom öligen Hafen. Man trifft häufiger auf die billigeren Zigarettensorten. Weniger Zeitungen gibt es hier, und sie sind in bestimmter Reihenfolge am Peripteron befestigt. Der Inhaber signalisiert seine politische Vorliebe. Farben und Pinsel kann man finden, einen Spezialservice: Leere Wegwerffeuerzeuge bekommen mit einer alten Injektionsspritze und einem Trick wieder Gas, neuer Feuerstein dazu, 50 Drachmen, Ai pnixou – Ersäuf dich selbst, oder komm wieder – als Gruß …

Für einen Peripterophilen ist es nur schwer verständlich, daß es auch Völker gibt, die auf diesen überdimensionalen Bauchladen verzichten können. Für Kinder ist er eine Zauberkiste. Nur für Kinder? Man hat schon Stadtsoziologen aus Mitteleuropa dabei beobachtet, wie sie heimlich Periptera streichelten.

Das Elikoptero

Panagiotis war einer der Griechen, die um 1960 nach Deutschland kamen. Herumgeschickt, eingestellt, in Arbeit eingewiesen – »du nix verstehn – du machen so«. So machen und drücken also Panagiotis ein paar hunderttausend Meter Dichtungslitze in Falze von Kofferraum, Tür, Fenster, in Werk von diese neue BMW. »Warum du immer zuviel das gleiche tun? Du warum du? Du raus, du anderswo immer warumwarum fragen.«

Pakete schnüren und Gabelstapler aufladen, wegfahren von die Druckerei mit diese Überallidiotenzeitung.

Dann endlich arbeiten in Bäckerei, Teig und Nacht ist besser. Dann noch besser, Leiter von Nachtlokal, bei große Gastronom Alekos, drei Zentner schwer und berühmt in ganze Stadt. Extra prima – very good – Kalitera.

Die Jahre vergehen. Panagiotis hat Deutsch gelernt, besonders gut; so wird er es weit bringen, und der Fleiß hat ihn auch gefressen, sagen die anderen. Keiner konnte es sich vorstellen, daß der einmal für Griechenland die Stadt hier verlassen würde.

Eines Tages war Panagiotis weg. Ohne Ankündigung verschwunden, unauffindbar.

Mit dem Gesparten kaufte er sich den schönsten Kiosk, auf dem schönsten Platz in der für ihn schönsten Stadt – mit Blick auf den Olymp.

Nun saß er drin, selbständig, das große Artikelsortiment um

sich, er fühlte sich wie Alexandros, König von Makedonien – aber er hatte auch den schweren Laster im Auge, der zurücksetzt, direkt auf den Kiosk zu, und ihn voll trifft. Panagiotis kommt gerade noch mit knapper Not aus der Luke des zerdrückten Kiosks heraus, schreit »Hilfe, Hilfe, Hilfe« auf deutsch, alle verdrehen die Köpfe, Kinnladen fallen herunter, Panagiotis rennt die Straße hinauf, mit den Armen rasend wie ein Helikopter wirbelnd, er wird immer kleiner – bis zu einem kleinen schwarzen Punkt, der plötzlich abhebt und in der Luft verschwindet.

Bald darauf hat man Panagiotis erneut in München gesehen. Jetzt spart er wieder, sagen die anderen, und keiner weiß, auf was.

Stamatis sagt

Ja, natürlich die Götter, Theos der Große, ganz oben weit weg – keine Zeit mehr für uns, seit wir die Zeit kleinhacken – ti ora ine?

Aber die anderen, die hier herumstehen, siehst du sie nicht? Sie könnten welche gewesen sein. Oben in Pilion stehen sie als Platanen, sieben Menschen können sie nicht umarmen. Mit ihren Wurzeln halten sie ganze Dörfer an steilen Hängen fest. Auch in Milies ist es so, wo sie den Dorfplatz am Wegrutschen hindern. Und weiter unten kannst du den alten Steinbruch sehen, in den manche Leute nur ungern hineingehen. Meinen Vater und die anderen haben sie hineingeführt, und nicht nur die Bäume haben die Salven gehört. Oben im Dorf hat er vorher noch an der Platane ein Wasserrohr festgemacht. Das Rohr ist nach fünfzig Jahren eingewachsen, einfach unsichtbar geworden, aber in der Höhe deines Herzens springt dir aus dem Stamm das Wasser entgegen. Die Touristen fotografieren das gerne.

Ich glaube, es ist in Zangarada, da ist eine Platane besonders groß und innen ganz hohl. Da hat einer seinen Periptero drinnen – zwischen den Zehen eines Zeus verkauft er sein Zeug. Und wenn du den eingewachsenen Schienen nachgehst, kommst du hinunter nach Volos. Der Italiener hat vor hundert Jahren die Bahn gebaut.

Ein Italiener? Ein Eisenbahningenieur, der Vater des Malers Giorgio de Chirico, der in Volos geboren wurde?
Ah, bist du einer, der noch Geschichte braucht? Da hättest du meinen Vater fragen sollen.

Orangen für Odessa

Seit Tagen ist das Meer grobschuppig grau, die Antwort auf den verschwundenen Himmel. Ununterbrochen schiebt ein kalter Wind lückenlos Wolken vorbei. In der Taverne von Leonidas hat sich der Küchendampf auf die Fenster geschlagen, durch die wäßrig geperlten Scheiben ist der Blick auf das Meer doppelt trist. Beim Geräusch des Zerhackens braucht man sich nicht mehr umzuwenden, es geht wieder um Grau. Der in Platten getrocknete, eingesalzene Stockfisch wird zerstückelt und eingeweicht. Das richtige Winteressen, gut mit Skordalia, aber nicht jeden Tag.

Heute ist der fünfte Tag, seit die sowjetische Flagge im Durchblick des Fensters flattert. Hammer und Sichel in Gelb verschwinden ebensooft im Rot, wie sie aus ihm hervorkommen. Der kleine Frachter, zu dem die Fahne gehört, ist schwarz gestrichen, nur die verschachtelten Aufbauten am Heck, die Kajüten und das Ruderhaus mit Brücke sind vorwiegend weiß lackiert, mit Rostfahnen da und dort, bei Frachtern keine Seltenheit.

Der Dampfer hat ein sehr schmales Fallreep, es ist immer hochgezogen, und oben im Schlitz zum Deck, steht Tag und Nacht ein Matrose der Besatzung Wache.

Nur der Kapitän verläßt manchmal sein Schiff, verschwindet in verschiedenen Geschäften – und ist gleich wieder zurück. In die Taverne kommt er nie, doch merkt man ihm eine gewisse Unruhe an, wenn er vorbeihastet.

Da das Schiff weder etwas aus- noch etwas einlädt, taucht beim Betrachter allmählich die Frage auf, was es hier im kleinen Hafen von Nauplia zu tun habe.

Inzwischen ist Epiphania gewesen, im Ornat kam der Pope mit vielen Leuten zum Hafen, die obligatorische Abordnung der griechischen Armee mit vier Mann in Uniform dabei. Feierlich wurde die Zeremonie am Kai abgehalten, prompt hinter dem Heck des Frachters, so daß über allem die sowjetische Fahne wehte. Die griechischen Soldaten salutierten, der Pope segnete das Meer und warf das Kreuz hinein, wie es zur Handlung gehört. Drei frierende Buben in Badehosen sprangen ins Wasser, sie verschwanden sofort, man sah sie froschartig umhertauchen. Einer fand das Kreuz, brachte es hoch, hielt es schwimmend übers Wasser. Man half ihm auf die Kaimauer, schlotternd überreichte er es dem vergoldeten Popen. Die Mannschaft des Frachters, als Zuschauer hoch über der Szene, applaudierte.

Eines Tages verläßt der Kapitän besonders unruhig sein Schiff. Er kommt direkt in die Taverne, redet und redet und keiner versteht ihn. Auf mich, den auch Fremden, der sich in fremden Dingen besser auskennen soll, läuft es zu: Mitkommen aufs Schiff. Das schmale Fallreep rauf, der Kapitän gibt höflich den Vortritt, der Posten grüßt, ich betrete ein Stück schwimmende Sowjetunion, unterliege somit ihren Gesetzen.

Gang zur Kapitänskajüte, intensiver Geruch gekochten Kohls. Im Raum des Kapitäns schwerer Schreibtisch, schwere Sessel, schwerer Tresor, darüber ein äußerst streng blickender Breschnew, Farbdruck in Gold gerahmt.

Sessel angeboten, ich nehme Platz, dem Kapitän gegenüber. Seine Hand fährt unter den Schreibtisch, kommt mit einer Flasche Wodka wieder hoch. Gläser aus der Schublade –

Nastrowje! Das Problem: Zettel über Zettel mit fragmentarischen Funksprüchen – Babylon, Russisch, Englisch. Er meint, ich sei für Englisch zuständig – Ich nix bonemaj, du nix – nix njet, nix. Funkanlage kaputt. Orangen für Odessa? Da? Njet? Ochi? Nastrowje. Dada? Dada!

Eigentlich bin ich nach Nauplia gekommen, um für eine Skulptur nach Schwemmholz zu suchen. Jetzt soll ich mitentscheiden, ob es demnächst in Odessa Orangen geben wird oder nicht. Soviel ich verstehe, ist im Gewirr der vielen Buchstaben noch eine zweite Order zu deuten, statt Orangen womöglich anderswo Ladung aufzunehmen. Ich schaue noch einmal die englischen Wortscherben durch, bringe unmöglich einen Reim in das Gehäcksel – und sage, Portokalia-Orangen, Odessa yes, dada, yesdada. Malista! Kala, kala! Nastrowje! Dawai, dawai!

Drei Tage Lastwagenlärm und Kranwindengekreische, dann ist der Frachter bis obenhin mit Orangen beladen. Kaum daß er den Hafen verlassen hat, beginnt das Grau des Himmels sich wieder aufzulösen, und ich beschließe, die weite Bucht hinaufzugehen, auf der Suche nach brauchbarem Schwemmholz.

Treibholz

Dem ruppigen Felsen über Nauplia ist eine alte Burg mit
Vorwerken aufgesetzt. Im Zickzack herabführende Mauern
und Gänge aus exakt zugeschlagenen und übereinander
gesetzten Steinen ergeben mit den vorspringenden Felskan-
ten ein spannendes Spiel zwischen wildem und dressiertem
Stein.

Am Hafen umrunde ich das Standbild der Bouboulina und
gehe in den weiten Bogen des Küstenstreifens hinaus. Nach
einer Strecke, Nauplia lag schon weit zurück, war noch
immer kein Schwemmholz zu finden. Der Frachter mit den
Orangen für Odessa hatte sicher schon Kap Sunion in der
Peilung, und vor mir auf dem Sandstreifen am Meer kam
kein einziges Stück Schwemmholz in Sicht. Das war mir
noch nie passiert: über die Jahre, seit ich Küsten nach
gestrandetem Holz absuche, hatte ich bei der gleichen
zurückgelegten Distanz schon mehrere Depots mit Fund-
stücken hinter mir, die ich auf dem Rückweg noch mal
durchsah, um nur die, die mir endgültig etwas sagten, mit-
zunehmen! Hier war nicht ein einziger Splitter eines alten
Bootes zu finden, den das Wasser von irgendwo her ange-
spült hätte. Eine brüchige Plastiksandale und ein halber
Ziegenkadaver waren das auffälligste Strandgut.

Ich begann die Suche mit dem Gedanken abzubrechen, daß
für die Ausstellung im Sommer in Paris vielleicht eine Skulptur weniger dabei sein würde, oder ich müßte bald nach

Piräus zurück, weil dort eine angefangene Arbeit lag, zudem genügend Material vorhanden war.

Richtung landeinwärts sah ich, wie sich freundlicher Qualm über einem Orangenhain kräuselte. Nachdem ich dem Rauchzeichen gefolgt war, stand ich vor einem Haufen brennendem Treibholz, darüber hing ein Kessel, und ringsum standen kegelförmige Zelte. Die buntgekleideten Leute lachten, sie deuteten auf die mit Orangen gefüllten Körbe und auf die kochende Suppe im Kessel. Um die Bäume abzuernten, sind sie hier als Saisonarbeiter. Allesamt sehen sie indianisch aus, die Haare der Kinder schimmern rabenschwarz, bei einigen Erwachsenen blitzt ein Goldzahn auf.

Unter ihnen war ein weißhaariger Alter mit dunklen Augenbrauen. In dem Moment, als er einen Blechlöffel zum Mund führte, sah ich am Unterarm die blaue Zahlenreihe.

In Paris, im Maraisviertel, wo ich ausstellen werde, werde ich bei einigen Alten, wenn sie ein Wodkaglas heben, wieder diese Tätowierungen sehen. Jedes Jahr treffe ich dort weniger von ihnen, die, wenn sie unter sich sind, französische, polnische, jiddische und deutsche Worte durcheinander reden.

Anastasis

Das höchste Ereignis in der Orthodoxie ist Ostern. Wer die Tage bis zur Auferstehung nicht schon einmal miterlebt hat, dem ist schwer zu sagen, wie sich der Alltag in der Karwoche langsam verändert; bis sich in der Osternacht eine anwachsende spirituelle Ballung mit dem Ausruf »Christos anesti« entlädt ... wie Neujahr auf Ostern mit kathartischer Wirkung fallen kann, der Pope um Mitternacht im Nebel von Weihrauch und Knallern unsichtbar wird; langsam unzählige Kerzenlichtspuren nach überall hinziehen, um endlich in die Häuser zu finden; wo die Lamminnereien in der Dillsuppe warten – im Morgengrauen die Holzkohle angezündet, das Arnaki aus dem Laken genommen und zum Drehen am Spieß hergerichtet wird.

Auf diese Nacht zu wachsen die Symbole allerorten, profane und prosaische Gewohn- und Gegebenheiten sind überraschend verwandelt – selbst in Athen mit seinen viereinhalb Millionen Einwohnern.
In der Agora, in den Hallen des Fleisches und der Metzger, stauen sich lebendige und tote Wesen dicht an dicht. Lämmer, nun in schier unübersehbaren Reihen, säumen wie rosa Säulengalerien die engen Wege der andrängenden Menschen.
Die gehäuteten Tiere sind an den Hinterbeinen aufgehängt, bei manchen tropft noch Blut über den Kopf, fällt

über die Zungenspitze auf den Boden. In den Pflasterfugen kommen die Rinnsale zum Stehen, merkwürdige Zeichen bildend; wie zur Erinnerung an die rituellen Gravuren bei antiken Opfersteinen.

Alle Lämmer sind zwischen den Keulen bis in den Brustkorb geöffnet, Gedärm und Mägen herausgenommen, nur die anderen Eingeweide noch mit dem Körper verbunden, als dunkelglitzerndes Bukett nach außen gestülpt.

Hier und da hat man dem Lamm ein rotes Band an die Schulter geheftet, eine weiße Kerze in das ehemalige Darmloch gesteckt.

Der Tod und das Schlachten wirken noch unmittelbar, alte Zeichen dazu gesetzt erzwingen Schauer, Überwindung und Staunen.

Innere Scheu und äußerliche Geschäftigkeit überspielen sich gegenseitig. Der Antrieb und die Erwartung aufs Fest führen zu Handel, zu handfestem Abschluß und zu in Tüchern eingeschlagenen Körpern.

Die makaberen Bündel, tot und bald Braten, verlassen geschultert oder unter die Arme der Käufer gezwängt die Agora und verschwinden in der Menge. Manche fahren eine Wegstrecke mit im Taxi, *chronia polla*, ein gutes Neujahr wird mit dem Fahrer getauscht. Längst ist das neue Jahr angebrochen, doch hier beginnt es noch einmal. Karsamstag nacht.

Anderswo liegen indessen Schweine, Rinder und Schafe fortschrittsgemäß zu Kleinststücken portioniert in den Vitrinen und Kühlfächern der Fleischer und Supermärkte. Fleisch in vielen kleinen Teilen eliminiert die Vorstellung vom Tod der Tiere, und nur wenige Menschen stellen sich vor, daß die angepriesenen großen Lammkoteletts mit den breiten Fetträndern – allesamt fein säuberlich aneinandergereiht – ein Lämmchen ergeben könnten – sie suggerieren schon eher den breiten Rücken eines Ungetüms, das jedermann in die Flucht jagen würde.

Ein ganzes Osterlamm schafft so auch einen Gedenktag für das Lebewesen Tier, erinnert an seine ehemalige Unversehrtheit und die tödliche Verletzung.

Ein Foto-Voyeur hat nun die Kerze im Loch des Lamms entdeckt. Er wird diesen Schnappschuß als echten Gag mit nach Hause bringen und mit seinem Getue um dieses Detail dem Metzger in der Agora die fromme Unschuld rauben.

Erzählte man ihm von dem ganz großen Osterclou: Ein Polizist stehe bis zum Nabel in einem roten in Zacken aufgebrochenen Osterei und regle den Verkehr inmitten einer gefährlichen Kreuzung … da würde der Mann hinter dem Sucher aus Bensheim bei Darmstadt vermutlich sagen: Athen doch nicht. Atlanta vielleicht.

Er wird den autoumbrausten Polizisten im Ei schon noch finden – während der Osterwoche irgendwo am Rande Athens.

Hydra

Die Einfahrt in den Hafen von Hydra kommt für den Schiffs-
passagier dem Einzug in eine Arena gleich. Die Szene des
Wassers liegt in einem natürlichen Halbrund. Die steilen
»Ränge« der Bucht sind hoch hinauf mit kleinen Häusern
besetzt. Die Bauten folgen der amphitheatrischen Drehung
dieses Küsteneinbruchs, und es entsteht der Eindruck, daß
ihre Fassaden mit den Fenstern vieläugige Gesichter ergeben. Die ziegelrosa Schöpfe der sanft geneigten Giebeldä-
cher bestärken in der Überzeugung, daß alle Häuser wie
Zuschauer dem Geschehen auf der Wasserbühne aufmerk-
sam folgen.

Unter diesen freundlichen Blicken setzt der Besucher den
Fuß auf ein Pflaster, aus weißem Marmor zurechtgeschla-
gen, das das ganze Hafenrund bedeckt. Und sein Staunen
hat noch kein Ende: Weder Motorenlärm, noch Schwaden
verbrannten Benzins trüben seinen Empfang. Die Leute in
Hydra waren sich schon früh einig: Kein Auto im Ort!

Es ist kein Stück Boden durch Asphalt von Regen und Luft
getrennt; nur Steinwege in ihren alten Steigungen, flach
getreppte Gassen, schiefe Ebenen und Stufen überall …
alles menschen-, muli- und eselgerecht. Daß Hydra sich so
bewahrt hat, ist auch den Athener Künstlern und Architekten zu verdanken – und ihren Freunden aus aller Welt, die
Gäste in diesem Refugium waren.

Wer diese urban gefügte Schönheit durchsteigt, belohnt mit

einer Unzahl poetischer Details, wird von einem niederen Sattel aus auf ein weiteres Hydra schauen.

Rückwärtig findet sich unten nochmals ein Naturhafen, diesmal winzig, unbefestigt, an der Sandbucht ein paar Häuser mit Kirche, einige Fischerboote im Wasser.

Im Rücken des kultivierten, ja mondänen Hydra liegt seine archaische Verkleinerung.

Das Schiff fährt nachts in den Hafen von Hydra. Für mich ist es die erste Fahrt zu dieser Insel unweit von Athen. Unter dem Sternenhimmel ist schon von fern aufgefallen, daß das in der Dunkelheit vor uns schwebende Lichternetz Hydra sein würde. Die nächtlichen Passagen vor dem Festland und an anderen Inseln vorbei ergeben häufig diese ins Dunkel geworfenen Netze aus Licht, und der Besucher ertappt sich dabei, diese flimmernden Sternenbilder für niedergegangene Teile der Galaxis zu halten.

Bei Hydra ist es anders. Die Lichter stehen als Keil mit der Spitze nach unten in der Schwärze der Nacht. Mit dem Näherkommen gewinnt der Keil an Räumlichkeit, die Lichter auf den Hängen blinken wie Glutpunkte im Kegel eines Vulkans, werden nach unten hin dichter und verschmelzen am Kraterboden zu gleißender Lava. Dazu spiegelt sich die Hafenbeleuchtung auf dem bewegten Wasser an der Mole und bringt so das Magma zu gelblichem Vibrieren.

Es ist Karfreitag, und unser Ziel das kleine Fischerdorf hinter dem befeuerten Trichter von Hydra.

Vom Sattel aus ahnt man die kleine Bucht nur als schwarze Aussparung in den wenigen Lichterpunkten am Sockel der Insel.

Mitten im Abstieg setzt sich unten ein Glühwurm in Bewegung. Der Epitaphios, der Umzug mit dem toten Christos, hat begonnen. Im ganzen Land ist der Epitaphios einer der

Höhepunkte der österlichen Liturgie. Hier an diesem Ort soll er eine Besonderheit haben …

Die Prozession nimmt ihren Weg über den oberen Rand der Bucht, wir stoßen auf sie und schließen uns an.

Auch hier ist der Leichnam durch ein Leintuch versinnbildlicht, das auf einer Bahre, blumen- und girlandenüberdeckt, getragen wird. Dabei wird uns aufs neue deutlich, daß der orthodoxe Ritus keine dreidimensionalen Bilder kennt, keine naturalistischen Nachbildungen von Toten, von Gekreuzigten, von lebensgroß lächelnden und weinenden Heiligenfiguren zum Anfassen.

In die orthodoxe Spiritualität haben die körperhafte Darstellung der Renaissance, ihre Perspektiven und der bühnenhafte Barock nie Eingang gefunden. Doch gibt es hier den modellierten Raum der Kirchen, mit strengen Fresken oder Mosaiken, die weiß ausgekalkten Kapellen und überall die bemalte Holzfläche der Ikonen.

Nach einigen Stationen nähert sich der Umzug dem Strand in der Bucht. Direkt am Meer staut sich die Prozession, die Menschen verteilen sich am Ufer – nur der Epitaphios schreitet weiter. Vier junge Männer tragen ihn auf ihren Schultern geradeaus weiter ins Meer. Langsam sinkt er auf das Wasser zu, seine Träger sind bereits hüftabwärts verschwunden. Doch sie gehen weiter, bis der Epitaphios das Meer berührt und neben ihm nur ihre Köpfe aus dem Wasser ragen.

Im Verlauf der Prozession sind über das Meer kleine Boote mit Besuchern angekommen. Sie verharren draußen, während am Strand der Pope seine Elegie singt und das Weihrauchfaß gegen das Meer schwingt. Aus der Lichterreihe der Menge springen nun kleine Jungen und Mädchen ins Wasser, manche schwimmen bis zum Epitaphios, Rufe und Geschrei kommt auf. »To Delphinaki« ist herauszuhören.

Mir fallen bei diesem nächtlichen Geschehen die Initiationsriten der Naturvölker ein.

Der Epitaphios kommt triefend aus dem Meer zurück ...

Anderntags, wieder zur Nacht: Anastasis, die Auferstehung.
Der große Platz vor der Kirche ist mit Seilen überspannt, an denen bettuchgroße Bilder mit abstrakten Motiven hängen. Die Situation gleicht einer Ausstellung für moderne Malerei; es sind doch internationale Verständigungsflaggen aus dem Alphabet des Seeverkehrs, von einem sehr großen Schiff müssen sie stammen.

Die kleine weiße Kirche mit den hinzuströmenden Menschen wird in dieser maritimen Osternacht zu einem völlig überladenen Schiff.

...das Meer Inseln hält

Nächtliche Fahrt

Endlich stimmte das Geräusch wieder
mit der Zeit, dem Ort
und der Dunkelheit überein.

Der dauernde Überschlag der Bugwelle,
das rauschende Pflügen.
Die vibrierende Reling.
Das Meer, schwarz, am Horizont der Lichtfaden
des Festlands gerissen.

Im abstrahlenden Schimmer des Schiffs,
mit dem Mond im Doppellicht,
flitzten diese verrückt kleinen Fische
kreuzwirr und flachbogig über das Wasser,
silberblitzig rasende Nadelspitzen,
von unten schnellstens die Welle vernähend.

Der Glücksfall war gegeben, nur möglich,
weil das Schiff
acht Stunden Verspätung hatte.

Doppelbilder

An einem Nachmittag während der Stunde des Pan sah
Jannis am Boden einen leicht gekrümmten Pfeil, ein Ziegen-
horn lag auf seinem Weg.
Er nahm es als Omen und folgte der angezeigten Richtung.
So kam er über steinerne Felder zu einem Maulbeerbaum
mit einer dichten Krone.
Die überreifen Früchte waren heruntergefallen und bilde-
ten im Schattenwurf des Baumes ein bestimmtes Violett,
man findet es nur in den Bildern von El Greco.
Ein weißer Esel, angepflockt unter dem Baum, schimmerte
auf diesem Beerenteppich malvenfarben, gemalt wie für
Franz von Assisi.

Ockergang

Im heißen Dunst, weit hinten, stehen die Berge dicht beieinander, die durchlässigen Sättel wölben sich nur wenig unterhalb der Gipfel. Bis zu diesem steinernen Kamm ist noch eine weite Ebene zu durchfahren. Der Blick kann der tiefer gelegenen Straße nicht folgen, zu oft verschwindet sie in den sich überschneidenden Aufwölbungen, die bleich und kahl wie freigelegte Schädeldecken in der Ebene lagern. In den einsehbaren Mulden ist das Grün vom Frühjahr verdorrt, farbgleich mit den Kuppen, dunkles Gelb. Nur dort, wo die Straße den Berg angeht, wird sie wieder sichtbar, eine sehr dünne Linie, stetig schräg nach oben ziehend, eine hell geätzte Spur im knochengrauen Massiv bis hin zu einem der mittleren Sättel.

Später, im Rückblick über die Schulter – wie vom Flugzeug aus die zurückgefallene Ebene, ein verzogenes Pergament, vergilbt gefüllt mit Chiffren einer unbekannten Schrift.

Nach einer engen Windung bergan gibt der Fels die Straße zu einer letzten Steigung frei. Sie zieht gerade nach oben zum Sattel und bricht in dessen Scheitel gegen den Himmel ab, nimmt in der Verlängerung Gedanken mit, fort ins Nichts.

Gleichzeitig sucht der Blick nahen Halt im Gestein an den Seiten, wie bremsend vor der Öffnung zu unbekanntem Abgrund.

Im ausladenden Halbkreis, mit aufgekanteten Felsrändern,

die sich ins Unscharfe verlieren, fällt das Land hinunter und verschwindet im Meer. Keine Schatten, es ist Mittag, die Sonne steht senkrecht zur Neigung der riesigen Mulde. Einem Schmelztiegel gleich ist sie mit dem Schorf und Zunder unzähliger Steinbrocken übersät. Am unteren Rand das Meer im gleißenden Licht, ausgelaufenes Zinn im Moment seiner Erstarrung. Im silbrigen Dampf der Horizont unsichtbar, verschmolzen.

Das Auto bleibt stehen.

Voraus der schrundige Asphalt, zerfurcht und rissig löst er sich auf. Die Straße endet abwärts als Rinnsal, ausschlängend wie die verlassene Haut eines vor der Hitze geflüchteten Reptils.

Weiter zu Fuß, bergab auf das Meer zuhaltend. Zunächst am Zackenrand des Asphalts entlang. Die Hitze nimmt schlagartig zu, steigert sich noch. Die Luft steht. Flirrendes Licht, verdoppelt vom Glimmergestein, Gang in den brütenden hohlen Spiegel.

Licht und Hitze setzen den Sinn für Abstände und Entfernungen außer Kraft. Stillstand wird suggeriert, die Unsinnigkeit von Bewegung.

Kein Laut, nur der der eigenen Berührung des Bodens. Allein der bröckelnde vor- und zurückspringende Asphaltrand ist von Bedeutung, wie ein Impulsgeber zeigt er ein Vorwärtskommen an.

Seitlich stehen Steintrümmer, von alten Kräften merkwürdig gesetzt, riffige Klippen vom Wind zeittief gefeilt, Ordnungen ohne ästhetischen Willen, endlose Wiederholungen, Abwandlungen.

Weiter unten quert jetzt Ziegendreck die Straße, noch nicht trocken, dunkel, Konzentrat der heller gedörrten Landschaft. Die Ziegen sind verschwunden. Links oben langgezogene braunschwarze Bahnen zwischen den Felsbändern bis zum Grat, Feuerläufe kürzlich verbrannter Maccia. Nach rechts, steinfeldein, rate ich den Zug der Ziegen – die hohen Felsen im Hintergrund würden am Abend früher den Schatten bringen.

Waagrecht gehe ich in den Hang hinein, zwischen knie- und hüfthohen Felsbrocken im sichelförmigen Bogen auf die von der Straße aus fixierte Stelle zu. Es ist ein talwärts laufender Rist aus gewachsenem Fels, halb umrundet gibt er den Blick auf einen weit gedehnten Abhang frei. Ganz oben die dunklen Punkte der Ziegen.

Schräg im Hang aufwärts eine ruhige Stelle, eine gestauchte Kreisfläche im Felsengesprenkel. Erhaltene Erde, urbar seit eh und je, ununterbrochen ausgeräumt von den nachschiebenden Steinen, die zum Rand geschichtet und in einer Mauer mitten durchs Feld wie schwere Nähte im Gelände den Boden festhalten, die einfallenden Winde nochmals teilen.

Zwei verkrüppelte Feigenbäume, fast blattlos, halten sich geduckt an der Mauer, werfen violette Flecken auf die Erde, den rostigen Ocker, gut vielleicht für einen Sack Winterweizen.

Aus dem umgurteten Ockerfeld läuft eine niedere Feldsteinmauer in sinkender Krümmung auf mich zu, läuft aus, zerfällt in schweres Geröll. Weiter oben wird sie zum Fragment einer Wand, schon einen schmalen Schatten bildend. Langsam mit der Mauer ansteigend, ein wannenartiger Gang, Eidechsen flitzen, eine Vipernhaut, schräg verlaufende Marmoradern, rosa Steineinschlüsse, metallisch glitzernde Brocken und Sand, ein sirrender Zikadenton. Ziegendreck.

Nach einer Wegdrehung die Schattenwand. Unwirklich flächig gespanntes Dunkel, gleichzeitig endlos raumtief in der überstrahlten Umgebung. Mit dieser Blendung kommt ein

Gruß aus der Wand. Sie wird heller, nimmt farbiges Grau an, Konturen gerinnen, Fugen, Furchen, Flechten, Falten mit zwei uralten Augen, graufilzige Stoppeln, Wolle und Stoff.

Eine Gestalt löst sich aus dem Gestein und nickt: »Hast du Tabak?« – »Keinen – Zigaretten hab ich.« Ich halte die Schachtel hin. »Es ist deine letzte, nehm ich nicht.« Ich öffne eine volle Schachtel und reiche dem Mann fünf Zigaretten. Während er sie nimmt, greift er sich mit der anderen Hand noch fünf aus der Schachtel. »Jetzt hast du auch die Hälfte«, sagt er. Wir rauchen. Die Ziegen, gute hundert, meint er, gehören anderen. Damals im Krieg hat der Deutsche auch auf die Ziegen geschossen. Jetzt sind die Deutschen wieder beisammen, sagt man. Gut. »Gib mir noch hundert Drachmen für Tabak.« Ich gebe. Er fährt mit dem Geldschein in die Hosentasche. Die Hand kommt gleich wieder mit einem anderen zurück. Er ist ganz klein gefaltet und in ein Papier gewickelt. Er macht ihn auf: »Und jetzt?« – »Das sind zwanzig Mark von 1949.« – »Weiß ich.« »Ist nicht mehr gültig.« – »Weiß ich, aber Glück könnte er bringen.« Wir rauchen.

»Hast du mein Haus da drüben gesehen?« Ich schaue seinem Arm nach. Weit unten ist ein kleiner Würfel, farblos verwittert, halb im Fels steckend erkennbar. Das schwarze Türloch ist am deutlichsten zu sehen.

»Heute abend ißt du bei mir Brot und Käse und Tomaten. Ich habe gutes Wasser und Milch.« – »Ich kann nicht, muß zurück.« – »Ihr habt alles – aber keine Zeit. Komm, wenn du Zeit hast.« – »Sto kalo.« Er schaut zu den Ziegen hinauf. Ich gehe zurück. Die Sonne im Rücken sinkt weiter. Der Himmel bekommt seine Farbe zurück; das Meer sein Ultramarin, unter den Steinen wachsen die Schatten aus Indigo, die Bergspitzen stehen in Schwefelgelb.

Archaischer Unfall

Zwischen Berg und Berg weit unten die mehrfach versetzte Kerbe im Fels, der Graben, das Tal, überdeckt mit dunkelgrünen Schatten.

Die großen Kronen der zusammengerückten Bäume gehen ineinander über. Ihre Wurzeln gründen entlang den tiefsten Stellen, wo sich die Feuchtigkeit am längsten hält. Im Winter, wenn es regnet, kann es für ein paar Tage einen Sturzbach geben, die übrige Zeit ist das Naß spärlich im aufeinanderstoßenden Gefüge der ansteigenden Berge.

Danach, Terrasse auf Terrasse, grün schimmernde Olivenhaine hinauf bis zum grauweißen Fels. Mit in die Höhe zieht eine Reihe Zypressen, zunächst dicht als schwarze Naht, später löst sie sich auf, überläßt den weiteren Anstieg dem silbrigen Samt der Oliven.

Weit über dem oberen Rand des Hains an einer Stelle im Fels ein dreieckiger Rücksprung. In einer letzten Terrasse endet der mit Mauern gehaltene Boden. Ab hier, ohne weitere Fruchtbarkeit, setzt sich der Berg allein bis zu seinem Grat in verwitterten Marmorklippen fort.

In diesen Übergang fällt von einem Kantenbruch im Gestein das wenige Wasser einer weiter entfernten Quelle. Sie bringt gerade soviel Feuchtigkeit, um diese letzte Terrasse in Unwirklichkeit zu verwandeln. Seinem Lauf auf dem Marmor wächst irisierend schuppiges Grün entgegen, es fällt in ein moosiges Becken, beruhigt sich zu einem tiefen

Auge, fließt am Überlauf neu an, lenkt weiter in fingrig aufgeteilte Rinnsale, verschwindet in großen länglichen Mulden, Trittspuren, von Giganten, wie eingedrückt, oder wie eingesunkene Gräber ihrer hier verstreut bestatteten Glieder.

Die bizarren Tempelsäulen der Olivenstämme tragen darüber das durchlässige Dach, hellschattig gerieseltes Licht fällt auf die gefüllten Mulden, schwergrüne Teppiche aus Kraut, Gurken und Mangold. Dazwischen gelbreife Tomaten, von Sonnenfäden getroffen – goldschimmernde verlorene Äpfel der Hesperiden?

Stille und verwunschener Dämmer, in dieses verzauberte Bild gehören noch zwei Alte, Mann und Frau, ein Esel, auf dem Rücken armlange Olivenholzscheite, schwer auf den Tragrahmen geschlichtet und gebunden.

Sie sind im Aufbruch. Kargfreundlicher Gruß, der Esel schwer angehend, Gelenkknacken, knirschende Gurte.

Für uns Rast, Schluck aus der Quelle, ins Wasser getauchte Arme.

Im Hohlweg zwischen Feldsteinmauer und gewachsenem Fels schrillende Laute …

An der Krümmung sehen wir den Esel, die schwere Last ist verrutscht, hat sich gedreht, hängt unter dem Bauch. Der Anblick ist absurd. Das Durcheinander, die sehnig verdrehten Seile, Gurte und Schnüre wie aus dem Tier herausgebrochenes Knochengedärm, knapp über dem Boden schwebend gebannt.

Vier Hände von uns kommen zu den zweien des Alten, fahren ins Gewirr, die lösenden Knoten und Schlingen suchend. Die Unwucht der Ladung hat sie noch fester gezurrt. Verwechslung der lederrissigen Hände des Alten mit den Scheiten, schnelle Blicke am Esel hinauf – wird er noch aushalten, schlagen oder durchdrehen? Langsam geht die Last auf die Erde, der Esel ist frei und rührt sich trotzdem nicht.

Wir richten uns auf, schauen auf einen Trupp Wandertouristen, wortlos im Hohlweg aufgestaut. Aus ihren roten Köpfen treffen uns Blicke, als hätten wir gerade das Holz aus dem Esel gemolken.

Der reitende Fluch

Michalis, Maria, Kalliope, Perikles, Mann, Frau, Tochter, Sohn – vier aus der Viereinhalbmillionenstadt haben sechseinhalb Schiffsstunden von Athen, im hinteren Winkel einer Insel eine kleine Ruine erstanden.

Die Bruchsteinmauern der drei Räume sind brauchbar, tragen das neue gerade Dach, obenauf noch zwei Kammern für Kalliope und Perikles. Eine enge Treppe von außen hinauf, darunter in der Schräge der stille Ort.

Scharf am Haus vorbei der Weg, steil mit Stufen ab und zu, ein Eselklavier, wie man andernorts zu solch einem Treppenweg sagt.

Michalis rührt Mörtel, mauert, verputzt das Haus innen wie außen, Tag für Tag, man sieht, es wird.

Jeden Tag zur gleichen Zeit reitet auf einem Esel die Alte vorbei, sicher wie der schwarze Zeiger einer Uhr irgendwo.

Jeden Tag, genau vor dem Haus, vom Esel herunter, kommt aus ihr wie ein Gruß schräg zu Boden gemurmelt: »Der Gehörnte soll dich holen.«

Michalis wußte nie und weiß es immer noch nicht, meinte sie ihn, den fremden Eindringling, oder den Maurer aus dem Dorf, der während seiner Arbeit da und dort nebenbei flink mit der Kelle seine politische Meinung in den Putz ritzt und für ein paar Tage stehenläßt, ihn, der hier dem verdächtigen Städter hilft. Oder meint sie den Esel, der manchmal zögert im Schritt, den Schädel zum Wasserschlauch dreht.

Mitten am Haus hat Michalis eines Tages mit dem Messer ein Kreuz in den Mörtel gegraben, den unteren Schaft mit dem Dreizack des Poseidon verlängert.

Jeden Tag, seitdem, reitet die Alte stumm vorbei, nur der stumpfe Ton der Hufe auf Stein und das feine Ticken der Gelenke des Esels sind zu hören.

Das Messer hat Michalis unter einer Schwelle versteckt.

Wintergrüne Inseln

Wintergrüne Inseln ähneln farbigen Märchen. Ihr grüner Flaum ist wie die zärtliche Antwort auf die wenigen Regenschleier, welche auf die im Meer schwimmenden Felsen niedergingen.

Die Palette der Farben in einem üppigen Malkasten würde kaum ausreichen, um diese Vielfalt in grüne Töne zu setzen. Und gelänge es noch, das Meerblau mit dem Gelb der Sonne zu einem Grün zu mischen, wären mit diesem Zauber vielleicht all die flüchtigen Gespinste in ein Bild zu fangen.

Das Geheimnis der Farben liegt in dem feinen Regenwasserstaub, der sich in duftiges Grün verwandelt, das die Inseln feiern, bevor sie die Hitze in dürres Braun zurückversetzt.

Die aufkeimenden Pflanzen überziehen die steinigen Böden mit einem zarten Schleier, malachitfarbene Schemen liegen über den Hügeln, in den Senken und Tälern versinken sie in schwarzgrüner Dichte. Olivenbäume und Krüppelkiefern in der Ferne erscheinen als gekräuselter Wollbesatz. An den terrassierten Hängen fällt ein Grün wie Gaze mit dunklen Bändern, gewellt oder gerade, so wie die Landschaft es vorgibt, als Muster darunter. Hohe Kuppen, die übers Jahr kahl sind und brach da liegen, wirken für eine kurze Zeit wie jadeschimmernde, sich blähende Seide. Und in der Ferne verliert sich ein eisgrüner Hauch in den Geröllhalden unter den Marmorbergen.

Zu dieser Zeit erscheinen die immergrünen Zypressen älter als sonst, ihre Farbe wirkt schwerer mit einem braunfilzigen Stich. Die Platanen bar aller Blätter stehen vor einem aquamarinkalten Himmel groß und nacktfleckig herum; die Feigenbäume mit grauknotig leerem Geäst sind regelrechte Denkmäler von Gehörnten.

Ein Bub scheucht ein Ziegenrudel über ein schmales Asphaltband von blättrigem zu steifhalmigem Grün. Artemis spitzt irgendwo ihre Pfeile für die kommende Saison; Demeter schätzt, wie lange das Wasser noch in den Sommer reichen wird. Pan riecht fröhlich an sich selbst, in der Hitze wird er gegen die Lotions anstinken müssen. Die Maurer rühren Wasser in den Zement für die neuen Hotels. In die Duschen werden vielsprachige Schilder geklebt: »Wasser ist knapp.« Andere müßte man erst noch drucken: »Wasser ist göttlich.«

Psygio

Psygio ist der Kühlschrank – und auch Simos trug diesen Namen. Simos hieß so lange Simos, bis er als erster auf der Insel einen Kühlschrank besaß. Verfügt haben über diesen elektrischen Eiskasten nicht nur Simos, sondern auch alle seine Freunde und Gäste. Aus Simos wurde Psygio.

Wo warst du? Beim Psygio! Wo treffen wir uns? Beim Psygio! Wo wohnst du? Bei Simos. Aha, beim Psygio! Als Fremder lernte man schnell, daß man beim Psygio und nicht bei Simos wohnte.

Es war direkt zur Mode geworden, beim Psygio etwas im Kühlschrank zu haben. Simos wohnte auch direkt am Hafen, sein Haus hatte eine Küche und einen Gastraum mit zwei Zimmern darüber, die im Sommer vermietet wurden.

Zur damaligen Zeit kamen die Schiffe selten und unregelmäßig. Bei höheren Windstärken konnte sich ihr Eintreffen um mehrere Tage verspäten. Bisweilen war es auch umgekehrt, ein Schiff lag für einige Zeit im Hafen, weil irgendwo draußen ein Sturm gemeldet wurde. Die Schiffe waren damals viel kleiner als heute.

Unkundige Touristen waren oft aufgebracht, wenn ein Schiff ausblieb oder unbeweglich im Hafen lag. Am schwierigsten war es an schönen und ruhigen Tagen, keiner wollte es glauben, daß einige Meilen weiter ein scharfer Wind aus blauem Himmel das Meer gefährlich durcheinanderbrachte.

Das Warten, Hoffen und Fragen spielte sich beim Psygio ab. Bei ihm liefen auch die Informationen zusammen, es gab ein Telefon; der Praktoras, der Schiffsagent aus der höher gelegenen Stadt kam zum Psygio herunter und schlug an einem Tisch stundenweise sein Büro auf. Er verkaufte die Tickets, gab Auskunft, beschwichtigte da und dort. Wegen der Unpünktlichkeit der Schiffe aggressive Touristen versuchte er mit einem »I like you« zu besänftigen, vergaß seine anderen zehn englischen Wörter und schaute nervös zu Jorgos, dem Zöllner am anderen Tisch, hinüber.

Kyrios Jorgos war die einzige staatliche Autorität am Hafen. Er verfügte über ziemlich viel Englisch, hatte es in seiner Freizeit selbst gelernt, wenn er nicht an seinen Bildern malte. Seine freie Zeit wurde nur unterbrochen, wenn ein fremdes Boot anlegte, was nur selten vorkam. Passierte es, dann stieg er in seine Uniform, und ging an das kleine Pier, erkundigte sich nach dem Woher und Wohin, und schon begann seine Freizeit aufs neue.

Einmal fragte ich ihn, ob er denn keine Waffe besäße. Wir gingen zusammen in sein Büro, zwischen Pinsel und Farben suchte er nach einem Schlüssel. Der fand sich, Jorgos schob die Leinwand eines angefangenen Bildes beiseite und öffnete dahinter einen altertümlichen Tresor, holte eine schwere Pistole hervor und reichte sie mir. Ich war über ihr Gewicht erstaunt und darüber, daß ich plötzlich ein Stück griechischer Staatsgewalt mit eingebautem Tod in der Hand hielt. Er sperrte sie wieder ein, wir redeten über sein Bild und gingen zum Psygio. Dort saß Victor, der Maler aus Belgien und schon seit Jahren zur Insel gehörend. Zwischen den Gläsern warteten poetische Schatten.

Simos war, was schon sein Vater gewesen war: Keramiker, Gastwirt und Bauer. Nach den längst stillgelegten Silbergruben waren die Töpfe und Krüge der Hafner das einzige, was den Boden der Insel verließ. Auch Simos hatte einen eigenen Brennofen und stellte die gleiche Ware wie die anderen Töpfer her.

Ein Topf hieß Giuwetsi, ein Krug Kanati. Die Giuwetsia gab es in fünf oder sechs Größen und in zwei verschiedenen Ausführungen; flache Pfannen aus Lehm, ohne Stiel, aber mit hohem Rand, nur innen eine einfache Tonglasur. Die Djuvecia mit geradem Boden wurden in die Städte für die Elektroherde mit Backröhre geliefert. Die mit den bauchig durchhängenden Böden waren überwiegend für den Export in arabische Länder bestimmt. Dort wurden sie als Kochtöpfe in die Aschenglut offener Feuerstellen geschoben.

Kanatia sind Wasserkrüge mit kurzem, sehr engem Hals. Das Wasser verdunstet langsam durch den Ton hindurch und behält mit dieser Verdunstungskälte eine angenehme Kühle.

Noch in den sechziger Jahren kam das sehr große Kaiki aus Holz, mit Segel und Motor, von Kimolos herüber, Gemüse und Kartoffeln an Bord. Es wurde hier ausgeladen und anschließend bis unter die Luke mit Giuwetsia und Kanatia vollgeschichtet, eine Arbeit von zwei Tagen. Bevor der Kapitän Richtung Alexandria ablegte, hatte er in den Tagen des Wartens den Pegelstand in Simos' Weinfaß mächtig gesenkt.

Simos hatte schwer mit dem Fortschritt zu kämpfen. Immer schon hatte man bei ihm die Töpfe hauptsächlich im Winter gedreht und gebrannt. Im Sommer war die Arbeit mehr auf das Kafenion gerichtet. Durch zunehmenden Verkehr und die sich stetig vergrößernde Anzahl der Touristen reichten der eigene Wein und die Eier der Hühner hinter dem Haus längst nicht mehr aus. Das Kafenion wandelte sich allmählich zu einer Taverne. Die Fremden wollten direkt am Meer an der Kaimauer sitzen. Mehr Stühle und Tische mußten her. Simos' Frau Aglaia stand nun ganztags in der Küche, Kostas und Maria, die Kinder, sah man dafür um so mehr – sie bedienten die Gäste. Verwandte spülten Teller und Gläser bis spät in die Nacht.

Viele Lebensmittel kamen bereits aus Piräus. Eines Tages war der zweite Kühlschrank mit auf dem Schiff, und in seiner Gesellschaft befand sich eine neue Tiefkühltruhe. Touristen strömten über die Insel, durch Simos' Taverne als Nadelöhr am Anfang und Ende der Reise.

Dann kam der Italiener im khakifarbenen Popelin. Überall auf der Insel machte er den Töpfern klar, die Insel habe eine Keramiktradition, die bedroht sei, würde man nicht modernisieren. Kein Holz- und Staudenbrand, keine alten Kuppelöfen mehr, sondern neue Öfen aus speziellen Hartbrandziegeln im Stahlkorsett vermauert, dazu Ölbefeuerung, das wäre die Zukunft. Planung, Oberleitung der Durchführung, Lieferung der gesamten Technik durch ihn: Dottore-Ingegnere, Maestro-Ceramica, Commandante Marcello Zentrimelli.

Simos wollte in seiner, der vernachlässigten Keramik aufholen, rationalisieren; das Geld war vorhanden. Er riß den alten Ofen hinter dem Haus ab. Zentrimelli saß täglich vorne in der Taverne und hielt, zwischen kleinen Bissen und Schlucken, Vorträge für sämtliche Anwesenden über den technischen Fortschritt in der Welt und insbesondere der Keramik.

Zu Anfang war das spannend, doch bald schon gab es immer mehr, die mit einem Kartenspiel begannen, sobald Signore Marcello zu seinen Referaten ansetzte. Nun sprach er noch lauter als sonst, schließlich sollten auch die durch das Spiel Abgelenkten alles mitbekommen. Sein Kopf zuckte hin und her, mit den Füßen scharrte er unter dem Tisch; mit einem roten Kamm auf dem Kopf wäre er zum Hahn mutiert.

Der Psygio bangte langsam um seine Freunde und Stammgäste, wünschte, daß der neue Ofen bald fertig würde.

Viele Inselbewohner hatten inzwischen eigene Kühlschränke; gegenüber der Bucht, wo es noch immer keinen Strom gab, stand in Markos' Haus ein Kühlschrank mit Flüssiggasbetrieb aus der Flasche.

Zum nächsten Herbst sollte der erste Probebrand im neuen Ofen laufen.

Ich kam erst wieder im Jahr darauf dorthin. Der Ofen hatte tatsächlich gebrannt, doch das halbe Haus des Psygio auch. Marcellos Werk war explodiert, der Italiener dürfe sich auf der Insel nicht mehr sehen lassen, hieß es.

Zum letzten Mal sah ich Simos mit seinem Fortschritt vom abfahrenden Schiff, von der Reling aus: Er stand an der Kaimauer und sah aufs Wasser hinab, wo weiße Scheiben hin und her wippten. Gerade hatte ein kräftiger Windstoß seine neu eingeführten Plastikteller von den Tischen in die Mole gefegt. Simos kratzte sich hinterm Ohr, eine Geste, die in den letzten Jahren immer häufiger bei ihm zu sehen war.

Signore Marcello im gelben Popelin, jetzt mit einem sehr gepflegten Kinnbart und Sonnenbrille, dunkelroter Schirmmütze, eine lederne Planrolle unter dem Arm, sah ich zufällig im Jahr darauf in Piräus. Er bestieg ein schönes weißes Schiff mit blauem Schornstein, es trug den Namen »Penelope« und fuhr in Richtung Tinos.

Gut zwanzig Jahre sind seitdem vergangen. Neulich löste sich in Athen im Bad eine Kachel von der Wand. Auf der Rückseite stand MADE IN ITALY. Porca Miseria Marcello!

Portrait

Er kam schräg daher. Die eine Schulter hochgezogen,
die andere sank in den Arm hinein.
Ungleich lang zum Boden die Hände.
Die Hüfte noch mal leicht schief.
Über und über Hose und Hemd naßfleckig, irdenfarbige
Spritzer und Schlickkrusten,
Handrücken und Unterarme lehmverschmiert.
Entkam diese bizarre Gestalt einem feuchten Grab?
Barfuß – Sohle, Ballen, Ferse des einen
dunkelgelb, hornig, rissig, elefantenhaft.
Erst als er sich an den Tisch setzte, wich die Anstrengung
zur Geraden aus seinem Körper.
Die körperliche Krümmung entspannte ihn.
Lächelnd bestellte er Kaffee mit viel Wasser dazu.
Soweit er zurückdenkt, hat er sich über Töpfe und
Krüge gebeugt, sie gedreht, mit einem Fuß die
Scheibe in Schwung gehalten. Markos hieß er.

Marmorwein

Saphiris und Diamantis. Man kann davon ausgehen, daß die beiden Brüder diese Vornamen bekommen hatten, weil es in der Familie mehr Nikos und Kostas als üblich gab. Natürlich hätte man neben Nikolaos und Konstantinos mit Alexandros, Georgios, Andreas, Perikles, Michalis, Parashos, Sokrates, Wassilis, Chrysostomos, Leonidas, Argyris, Lefteris, Panos, Antonis, Stamatis, Lalos, Pavlos, Ioannis, Aristoteles, Christos, Dimitrios, Xenophon, Theokritos, Nikitas, Prokopios, Dionysios, Nikodemos, Stephanos, Philolaos, Panagiotis – männliche Form für Madonna –, Petros, Demosthenes und so fort eine schier unendliche Auswahl gehabt.

Daß man die Brüder mit den Namen von Edelsteinen rief, war nichts Außergewöhnliches, man hatte diese Vornamen nicht extra erfunden – sie waren einfach nur seltener als andere.

Saphiris war von Beruf Maurer, Diamantis arbeitete in einem Steinwerk an den Gattersägen und schnitt Marmorblöcke in Scheiben. Niemals dachten sie darüber nach, daß sie mit ihren kristallinen Vornamen in Berufen arbeiteten, in denen mineralische Konglomerate, wie Steine es ja sind, das Hauptgewicht hatten. Nur Diamantis lachte kurz, als die neuen Sägeblätter aufkamen, die Schneidekanten mit Industriediamanten besetzt, mit so einem Gebiß wollte er gerne im Alter kauen.

Saphiris mauerte mit Leidenschaft an altem Gemäuer herum, flickte alte Häuser und war stolz darauf, wenn die Reparaturen nicht sofort ins Auge sprangen; fielen die Resultate besonders gut aus, dann sagte er sich: Ich habe die Seele des Hauses gehalten.

Später, als das Wasser in Rohren in die Bergdörfer kam und die Häuser ihren Wasseranschluß hatten, brach für Saphiris die Zeit der Um- und Anbauten an. Nun änderte sich auch der Umgang mit dem Wasser. Die Nachhut dieses Fortschritts waren das WC, die Waschmaschine, das Bad, alles brauchte seinen Platz und eine bauliche Befriedung. Der Strom war schon eine gute Zeit vor dem Wasser gekommen.

Saphiris schuftete von früh bis spät, heiratete Katerina, Kinder kamen, und ein nagelneues Haus für alle, von ihm selbst gebaut, war sein nächstes Ziel.

Diamantis schnitt nach wie vor seine Marmorplatten und beäugte gelegentlich sonntags den Fortschritt der Bauarbeiten an Saphiris' Haus. Da beide in weit auseinanderliegenden Dörfern wohnten, sahen sie sich selten, gelegentlich und eher per Zufall trafen sie sich unten in der Hafenstadt der Insel im Werkzeuggeschäft oder gegenüber im Kafenion – der eine voller Kalkspritzer, der andere voller Marmorstaub.

Diamantis wunderte sich, daß ihn Saphiris nie wegen der irgendwann notwendigen Marmorfußböden ansprach. Schließlich hatte er schon vorsorglich einen makellos weißen Block ohne Geäder und Schlieren für seinen Bruder reserviert. Den weißesten und reinsten, den es überhaupt gab, von seinem Boden würde er essen können. Und Saphiris wußte um diesen besonderen Marmor aus jener Gegend, wo aus weißen Trauben ein wundersam klarer Wein gekeltert wurde.

Ein Wein ohne ein Hauch von Gelb, so rein wie flüssiger

Kristall, der im Glas nur das Licht und das Blau des Himmels einfing. Man nannte ihn Marmorwein und trank ihn nur zu außerordentlichen Anlässen.

Diamantis dachte, der Bruder kann doch nichts anderes als den besten Marmor der Insel im Kopf haben, wo doch hier alles bis zum Grabstein aus Marmor ist, selbst der grauenhafte Beton ist am Schluß Marmorweiß, wenn wir ihn mit Marmorkalk oft genug gestrichen haben. Es wird ihm doch kein Holz in den Kopf gekommen sein, afrikanisch-hart wie in den Salonia der Wichtigtuer in Athen, denen nichts zu teuer ist, alles von weit her kommen muß, damit man wer sein soll. Diamantis brachte sich in Stimmung, und er hätte jetzt ein Gegenüber gebraucht, um über den Fall zu diskutieren, der gerade seinen Sinn für Unabhängigkeit besonders in Wallung brachte: Warum kopieren die Deutschen in ihren großen Fabriken die verschiedenen griechischen Landkäsesorten, auch den Kefalotiri seiner Insel, und werfen sie mit den Originalnamen in ungeheuren Mengen billig auf den hiesigen Markt? Warum machen sie damit unseren Käse teurer, vernichten dabei die eigenständige Herstellung und erreichen nicht mal unsere Käsequalität? Da ist keine gute europäische Demokratie zu sehen, nicht mal in Käseangelegenheiten …

Saphiris fuhr nach Piräus. Er wollte eine besondere Mörtelmischmaschine mit Elektroantrieb, er haßte den Lärm des Benzinmotors an der alten Maschine, jetzt noch mehr, seitdem viele Jungen der Insel mit ihren Motorrädern einen Höllenkrach veranstalteten. Wenn er nachts davon aufschrak, beruhigte ihn seine Katerina mit: »Es ist nichts, Saphiris, auch dein Mörtelmischer schläft.«

In Piräus sah er gleich an der Einfahrt zum Gewerbehafen drei ungewöhnliche Paletten stehen. Die Versandart von zugeschnittenen Marmorplatten war ihm nicht neu, er kannte sie von Diamantis. Das Außergewöhnliche war die Farbe Rosa. Er hatte noch nie rosaroten Marmor gesehen. Mit dem Handrücken wischte er den Staub von den polierten Seiten, sah die feinen weißen Linien im zarten Rosa, bewunderte ein fein gestreutes kristallines Blinken in den Flächen. Gleichzeitig durchzog diesen Gedanken die frische Erinnerung an eine schöne Touristin auf dem Schiff, auf deren rosafarbener Haut wie aus Quarzsand kleine Schweißperlen geglitzert hatten.

Saphiris war wie von Sinnen. Er unterbrach den Traum und wußte, das wird der Boden im neuen Haus.

Zurück auf der Insel, sprach er mit keinem Menschen von seinem Erlebnis. Die Sache mit dem Elektromischer war glatt gelaufen, aber er hatte in Piräus niemanden gefunden, der ihm über den rosa Marmor Auskunft geben konnte.

Er mußte also noch einmal zurück, und Diamantis, den er am Inselhafen bei der Abfahrt traf, zog die Augenbrauen hoch: Schon wieder Piräus ...? Zieht dich das Fleisch hin? Saphiris konterte die Anspielung, die ehemals einen eindeutigen Sinn ergab, als das alte Vergnügungsviertel mit seinen Bars und Bordellen noch nicht abgerissen war, mit einem zwinkernden Auge und dem üblichen schräg bejahenden Nicken.

Er sah wieder den rosafarbenen Marmor. Er kam aus Portugal und war nach Kuweit bestimmt. Während der Krise setzte ihn ein fremder Frachter einfach hier ab. Die Hafenbehörde hatte keine Papiere erhalten, nur »Portugal via Kuweit« war mit grüner Ölfarbe auf die Holzrahmen geschrieben. Der Hafenmeister meinte, bei den Großen regelt alles die Versicherung. Er war froh, den Steinhaufen auf diese Weise loszuwerden, und rollte Saphiris' Scheine in der Hosentasche zusammen.

In dem Moment, als der Pope mit der Einweihung des neuen Hauses zum Ende kam, warf Diamantis – er hatte schon einige Gläser Marmorwein getrunken –, mit voller Wucht einen großen Topf mit Senf auf Saphiris' Wunder in Rosé. Der Senf spritzte wie eine geplatzte Galle nach allen Seiten, auch der Pope bekam seine Portion an den Kittel – die Leute erstarrten. Diamantis wurde zornesrot, seine Stirnadern schwollen bedenklich an, und seine Augäpfel rollten gefährlich vor einer Seite zur anderen. Gefletschte Zähne und ein noch nie gehörtes Stöhnen erschütterte alle – der Anblick war dämonisch. Endlich schlug der Pope ein Kreuz, Panagia mou murmelnd.

Langsam wich die Verzerrung aus Diamantis' Gesicht, um seinen ruhiger werdenden Mund schlich sich ein kleines Lächeln, es wurde schnell breiter. Dann warf er sich auf den Boden, wälzte sich lachend im Senf und schrie: »Lang lebe der heilige und verfluchte Kalbfleischmarmor!«

Hotel Hermes

Vor sehr vielen Jahren, längst bevor die große Invasion des NUR-BADE-SONNE-SURF-TOURISMUS begann, stand das Hotel Hermes schon an seinem Platz. Ein wenig stolz wartete es am Ende der Hafenmole, gut sichtbar vom Anlegepier aus, als Reisende und seltene Touristen noch auf Dampfern zur Insel kamen, Fährschiffe mit Autozuladung eine Seltenheit waren.

Vieles hat sich inzwischen geändert. Ein Großteil der Touristen kommt nicht mehr über das Meer, übernächtigt, in staunender Erwartung an der Reling der Schiffe; heute kommen sie in Schwärmen aus der Luft, werden mit Taxen und in hoteleigenen Bussen vom Flughafen abgeholt oder wieder dorthin gebracht.

Auch um das Hotel Hermes hat sich vieles verändert. Neue und höhere Häuser wurden daneben gebaut, und die größeren Bauten dahinter blicken über das Hotel hinweg aufs Meer. Es wirkt seitdem etwas geschrumpft, seinen Stolz hat es dabei nicht verloren, sondern es ist sogar ein gewisser Trotz hinzugekommen.

Es ist schwierig, solche Befindlichkeiten zu benennen, wie es mit den Wechselwirkungen zwischen alten und neuen Umständen so ist, wie sich alte Vorteile in Nachteile umwandeln können und umgekehrt.

Schon viel einfacher ist es mit den neuen Hotels in der Nähe der Strände. Dort sieht man sofort am Zuschnitt, was Sache ist. Achtzehn Fenster und achtzehn Balkone, der Eingang mit dem inseltypischen Rundbogen als Zier in Zement gegossen ergibt ein kleines Hotel. Achtundzwanzig Fenster und achtundzwanzig Balkone... oder umgerechnet: Ein Bus Touristen ergibt ein kleines Hotel, zwei Busse ergeben zwei Hotels oder ein größeres.

Die Ausnahmen? Natürlich gibt es sie. Zum Beispiel die erstklassigen BELLEVUE-STUDIOS am Cap Omorphos mit den Exklusiv-Sonnenuntergängen und den schönen Abenden. Wo Frau Isolde mit transzendierenden Häkelornamenten an der Galaxis und am naturfarbenen Schal, nach BURDA'S Kunstvorgabe, für den Winter in St. Gallen strickt. Wo der inselspringende Takis (im Winter in Paris) in Kursen seinen Eleven den überhöhten Sirtaki lehrt und dabei die Schwerkraft der Erde bedauert; ein Herr Schütte aus Wesel – in englisch – über die Möglichkeiten autosuggestiver Energieumwandlung als esoterischer Turboladung referiert; Frau Caroline aus Göppingen ihre Stein- und Muschelsammlung präsentiert, die später zu Hause im überdachten Swimmingpool eine Wand schmücken soll; Herr Ludwig, ein Pädagoge aus dem bayerischen Erding, unverständliche Worte murmelnd, immer zur gleichen Stunde im Kreis läuft. Dort legt auch der Programmierer, Herr Adolf aus Koblenz, zu gewissen Zeiten im Mondschein mit fluoreszierenden Karten Tarot, wodurch ihm das Decoding der Geräusche von Herrn Ludwig gelang: – Bleibhierbleibhier – war zunächst seine falsche Analyse, Herr Ludwig murmelte Weißbiermußher. Und hier heftet Roy, der Europäer aus L. A., den Zeitplan für die fernöstlichen, amerikanisch gemanagten Meditationshilfen ans Schwarze Brett, während Frau Inge aus Mannheim unentwegt von der internationalen Gartenbauausstellung in Stuttgart schwärmt, und gleichzeitig nach einem kleinen Grundstückle für ein Häusle auf der Insel sucht …

Das Hotel Hermes hat etwas an sich, das eher zu spüren ist, als daß sich erklärende Gründe dafür fänden.
Würde es abgerissen, würde sich sein gewisses Etwas vielleicht leichter fassen.
Es gibt Gebäude mit einem regelrechten Gesicht. Das Hermes hat auch eines, aber man fühlt sich von ihm nicht angeschaut, es blickt eher in sich selbst hinein, oder über einen hinweg über den Hafen hinaus bis zum leicht gekrümmten Horizont.
Zu ebener Erde hat es eine Säulengalerie mit runden, gedrungenen Schäften aus weißem Marmor. Darüber, von Säule zu Säule, merkwürdige Spitzbogen wie erstarrte Sprünge in der Luft. Alles zusammen trägt die Front des oberen Stockwerks.
Die Spitzbogen sind irgendwie rätselhaft, sie lassen sich nicht einordnen, weder ins Fränkisch-Gotische noch ins Venezianische wie am Dogenpalast und auch nicht ins Orientalisch-Osmanische. Nein, sie haben gar nichts von der Raffinesse der alten Stile, vielleicht sind sie nur einfach naiv.
Hat man das Glück und der Wind steht richtig, liefert er die Erklärung: Eine Stimme raunt, vermutlich die des Baumeisters oder Erbauers: »Hör zu, wir bauen hier das Hotel an einem Ort der Durchreise zwischen den alten Welten Orient und Okzident. Wir bauen in die Fassade ein paar Sprünge von Hermes, dem Boten der Götter, das macht Sinn, und für die Schönheit müssen die Maurer sorgen.«
Es scheint so, als erwarte das Hotel noch immer die Durchreise des Götterboten. Tatsächlich steigen in ihm auch heute viele Handlungsreisende ab, Kühlanlagenbetreuer, Lexi-

kavertreter, Wein- und Käseaufkäufer, Marmorhändler, Neonschriftenanbieter, Landvermesser, aber auch erbschleichende Verwandtenbesucher vom Festland. Dazwischen, ab und zu, angegraute Leute, Rentner und Rekonvaleszenten, deren großstadtmüde Augen mit dem Blick auf die schaukelnden Kaikia in der Mole wieder aufglitzern. Gelegentlich auch noch ferienverschickte Kinder und Halbwüchsige aus Athen, fürsorglich begleitet von einer Person mit kleinem staatlichen Budget in der Tasche. In der gemischten Gästeschar finden sich bisweilen touristische Einzelgänger mit Rucksack, Buch und Skizzenblock.

Dem Massenfluß der Touristen sticht das alte Hotel kaum ins Auge, es ist nicht attraktiv genug, es trifft die neuen Standards nicht, die ein- und ausgehenden oder auf der Terrasse sitzenden Gäste ergeben einen schlecht taxierbaren Befund. Ihr Bild gleicht eher einer merkwürdig zusammengewürfelten Familie – in der einzelne Mitglieder nicht einmal auf den Bonus von Gratis-Bräune setzen.

Anders die Allradgetriebenen von den Off-Road-Bruderschaften aus dem Surfercamp hinter den Salzsanddünen. Sie kommen, endlich echten Rallye-Staub auf den Karossen, zum Supermarkt in das Hafenstädtchen. Im Vorbeifahren schaut mancher auf das alte Haus, als ginge es um eine Art türkische Gotik oder eine ehemalige Moschee.

Das Hotel Hermes schaut gelassen über die noch immer existierenden Fischerboote hinweg, hinaus auf den leicht gekrümmten Horizont. Gerade ist die Sonne verschwunden. Auch an diesem Tag fiel ihr der Abgang leicht, zuviel Lack und Chrom warfen ihre Strahlen von der Insel zurück, zu viele Objektive waren auf ihren Untergang gerichtet.

Der gelbe Karton

Ich liege auf meinem Bett im Hotelzimmer, demselben wie immer auf der marmornen Insel, Hochparterre, gleich hinter der Rezeption. Es ist genau eine Stunde nach Mitternacht. Wie immer dringen die gesammelten Geräusche von der Paralia, der Uferstraße, in mein Zimmer.

Jeden Abend ab sechs wandelt sich die Paralia mit ihren unzähligen Cafés, Tavernen und Läden den zu einer Promenade ohne Auto- und Motorradverkehr.

Die dazu nötige Absperrung wird direkt vor dem Hotel eingerichtet. Ein Polizeiwagen fährt vor, parkt schräg auf einem Teil der Fahrbahn, der Polizist rollt einen zementgefüllten Autoreifen mit herausragender Stange und darauf angebrachter runder Scheibe mit weißem Querbalken in die Straßenmitte und stellt sich dazu. (Das Verbotsschild steht tagsüber weggedreht an der Mauer zum Hotel.)

Polizeiwagen, Schild und Polizist werden noch durch eine Trillerpfeife verstärkt. Der Gesetzeshüter hat viel zu tun. Die motorisierten Inselbewohner sehen trotzdem nicht ein, daß das Fahrverbot auch für sie Geltung haben soll.

Nun mischt sich plötzlich in die vertrauten Geräusche das spitze Kläffen eines Hundes. Minutenlang hält es an und scheint, von ganz kurzen Pausen unterbrochen, kein Ende zu nehmen, sich sogar in der Tonhöhe noch zu verschärfen. Die Situation zerrt zunehmend an meinen Nerven, ich stehe auf und trete auf die Straße.

Der Polizist schwenkt nach Bedarf seine Arme, der eine weist auf die Umleitung, der andere zeigt auf das rote Schild mit weißem Balken. Dann sehe ich den Hund. Er ist winzig, ein wüstengelber Bastard – ein ramponierter, vor Wut vibrierender kleiner Karton auf vier Beinen, Zotteln überall – die geplatzte Verschnürung. Freundliche Touristen bücken sich nach ihm, der Hund bellt weiter wie aufgezogen ohne Ende, und genau in den Rücken des Beamten. Der dreht sich um, geht zwei Schritte auf den Hund zu, der wiederum Abstand haltend zurückweicht.

Der Polizist dreht sich nach vorn – der Hund rückt nach. Der Polizist ändert seinen Standort – der Hund bleibt ihm genau im Kreuz und kläfft. Hin und her geht es, die Szene wird zur zirzensischen Nummer, der die Leute gebannt folgen.

Der Ordnungshüter kann sich nach Belieben drehen und wenden – der Hund bellt ihm wie dressiert in sicherem Abstand ins Kreuz.

Nun versucht der Mann es mit allerhand freundlichen Faxen zum Hund hin, um die Lächerlichkeit loszuwerden. Der Hund nimmt das Spiel nicht an, bellt unbeeindruckt weiter auf ihn ein; er muß Stimmbänder aus Nirostablech haben. Der Polizist gerät zur Groteske.

Allmählich aber geht das allgemeine Amüsement in Ratlosigkeit über. Der gequälte Mann versucht es wieder mit Ignorieren, er glänzt vor Schweiß. Der Hund kläfft erbarmungslos weiter, genau die Distanz zur Person in Uniform beachtend. Es ist rätselhaft.

Der Polizist fährt mit einer Hand zum Kopf, wischt sich den Schweiß von der Stirn, schiebt dabei die Mütze ins Genick, faßt sie am Schirm und nimmt sie in einem Zug herunter. In diesem Augenblick schweigt der Hund. Unverständliches Staunen. Der Polizist, perplex, setzt die Mütze wieder auf –

und los geht es. Mütze runter – Hund still – Mütze rauf – Hund tobt.

Runter-rauf-runter – Hund und Polizist funktionieren miteinander wie altes mechanisches Blechspielzeug. Endlich, der Polizist wirft seine Mütze in den Wagen, und der Hund zieht ab – er hat gewonnen.

In der nächsten Nacht Punkt ein Uhr, ich liege im Bett und höre – der gelbe Karton ist wieder da.

Fern dem Fernverkehr

Vier, fünf, sechs, sieben oder mehr Stunden Fahrt mit dem Schiff auf eine der Kykladeninseln bringen langsam den Abstand zum Festland.

Die Allgegenwart der Autos, der ununterbrochene Lärm von Motoren und deren Gestank als letzte Demonstration in Piräus sind weit zurück – auch die übrige Summe gesammelter Hektik bleibt auf dem Kontinent unter sich.

Das Schiff schneidet mit dem Bug ins Blau, das Rauschen des aufgepflügten Wassers gefällt dem Ohr, und vom Heck aus zeigt der breitlange Schaumteppich nochmals an, die Distanz wächst, der zurückliegende Horizont ist klar und gerade, fast wie ein Schlußstrich.

Längst haben auch die kleineren Inseln ihr Asphaltnetz bekommen und die Autos dazu. Jedes Fährschiff als schwimmendes Straßenstück bringt weitere mit – holt aber auch andere ab. Immerhin sind die kleinen Inseln noch nicht im Zustand unüberschaubar blechernen Gedränges.

Allein die geographische Begrenzung setzt dem spontan »einfachen Fortfahren nach irgendwohin« natürliche Grenzen und bremst den Willen nach Autobesitz.

Komisch wirkt es, wenn ein Insel-Bankdirektor endlich sein funkelnagelneues Auto bekommt – das er mit Familie auf den paar möglichen Inselkilometern hin und her rollt, sich auf den Tag im nächsten Jahr freut, bei der alten Tante in

Patras vorzufahren und ihr den Teil des Wagens zeigt, den sie als Geschenk mitfinanzierte.

Und wie wirken Diskothekenbesitzer in ihren aufgetakelten Glitzerkisten, überladen mit Sonderausstattungen, wenn sie sich auf einem Stück Teer begegnen und nicht viel mehr tun können, als mit dem Gedröhn der Motoren zu grüßen?

Die Szene durchquert der weißhaarige Insel-Arzt mit seinem gut erhaltenen Peugeot aus den fünfziger Jahren, unbeirrt und gemächlich, als spulte ein alter Film kurz durch die Gegenwart. Mehr noch, auch der milchkaffeefarbene Kübelwagen mit dem alten Apostolis rumpelt durchs Bild, niemals wird der Veteran in einem Kriegsmuseum zur Ruhe kommen.

Die Inselautomobilisten, soweit sie keinen Traktor oder nützliche Pick-ups fahren, leiden unter einer Art Arrest und träumen mit Sehnsucht von den weiten Strecken der Autobahnen; die kleine Insel bedeutet ihnen ununterbrochener Kreisverkehr.

Umgekehrt der Inseltourist, er ist mit der allseitigen Weite des Meeres äußerst zufrieden, wähnt die eigene Welt fern, wenigstens vorübergehend.

Jetzt ist es passiert: An der schmalen Straßenbiegung zum kleinen Hafen, wo sich die Ouserie von Stavros und das All-Time-Breakfast-Eck von Heinz gegenüberliegen, ist ein unglaublicher Verkehrsstau entstanden. Das große Betonpumpenfahrzeug Putzmeister der Firma Georg Unterzapfenegger aus der Nähe von Villach in Kärnten und im Gefolge der rotierende Betonmischer von Schweickle & Kässbohrer aus dem Baden-Württembergischen stehen dem kleinen Frisch-Fisch-Thermolaster der Alster-Service-GmbH aus Hamburg Scheinwerfer in Scheinwerfer gegenüber.

Aus den Fahrerkabinen kommen fuchtelnde Arme und Köpfe heraus, griechische Zungen katapultieren das schöne und unübersetzbare Wort »gamoto« in Ping-Pong-Schnelle hin und her.

Die Lösung kommt vom Breakfast-Heinz aus Glückstadt an der Elbe: Unter dem Staunen seiner frühstückenden Rucksack-Kunden setzt er seinen vollverchromten Jeep mit dem Büffelhorn auf dem Kühler um die Ecke. Der Verkehrsstau hat sein Ende, alles war wieder einmal entaxi. Der Vorgang wäre auch niemals international geworden, hätten die griechischen Eigner die alten Firmennamen auf ihren importierten Gebrauchtfahrzeugen überpinselt.

Der Fisch auf dem Fahrrad

Ein auffälliger Hut, ein junger Mann, ein Fahrrad mit drei Rädern rollt und steht in der Menge von Leuten entlang der Hafenmole. Zwischen den Hinterrädern ist eine blaue Kiste montiert, randvoll gefüllt mit Eisstücken, darauf ein schwerer frischer Fisch, sicherlich tot, aber mit glänzenden Augen. In der Regel ist er eineinhalb Ellen lang, manchmal noch etwas länger, gelegentlich etwas kürzer.

Zur Sommerzeit fährt der junge Mann fast jeden Abend mit dem Fisch die Strecke an der Mole einmal rauf, einmal runter. Das große Dreirad bleibt oft in der Menge stecken, viele Menschen der kleinen Stadt sind zur abendlichen Promenade am Hafen unterwegs, sitzen auf den Terrassen der Cafés und Tavernen. Zur Ferienzeit machen die Touristen das Treiben noch bunter, und besonders für sie ist der Fisch auf dem Fahrrad eine Attraktion und ein Rätsel dazu, denn offenbar geht es hier nicht um die surreale Performance eines ferngelenkten Animateurs für kulturelles Entertainment. Obwohl es zunächst aussieht wie eine Clownnummer, versucht der Mann auf dem Fahrrad nicht weniger, als seinen großen Fisch hier auf der Insel unter die Leute bringen.

Von Zeit zu Zeit verläßt der Mann mit Hut den Fahrradfisch, geht zu dieser oder jener Gruppe an den Tischen in den Cafés, verhandelt, händigt etwas Unsichtbares aus, nimmt Geld entgegen, kommt zu seinem Fisch zurück und fährt mit ihm ein Stück weiter. Das wiederholt sich mehrere Male, ohne daß irgendein schlüssiger Sinn oder ein Resultat erkennbar wäre.

Ein guter großer Fisch ist teuer. Auch direkt am Meer. Nur selten leistet sich jemand ein großes Fischessen mit Familie, und wenn schon, dann mit Freunden, wie es sich gehört.

Der große Fisch auf dem Fahrrad ist, wenn man Glück hat beim Fischerfahrradmann, sehr preiswert zu haben – für einen Bruchteil dessen, was er kosten würde. In seiner Lotterie ist das große Los der große Fisch.

Hat man verloren, war es ein kleines Spiel, und man weiß, der, den es trifft, hat am nächsten Tag daheim viel zu tun, Freunde im Haus, und davor die Katzen für Kopf und Gräten.

Der Kutter ΑΦΟΒΟΣ

Der Furchtlose heißt er.
Rostkrustig zerbissen zieht er an öligen Trossen
das aufgeworfene Meer.
Sein Bug steigt auf, fährt in die Leere, kippt, fällt,
taucht in die nächste Woge.
In Wasserpyramiden verschwindet er, kommt wieder
      hoch.
Gespannte Stränge halten,
das schwarze Schiff, den Kapitän und die vier Männer
aus Afrika, gischtüberschlagen.
Die Winden ziehen an, bald werden sie wissen
ob das Netz den Fang halten konnte.
Der Sturm war schneller als sonst,
im Meer vor Libyen.

Papa Wassilis

Ihn muß man nicht erfinden und zeichnen, sicher gibt es ihn schon irgendwo auf einer Ikone, den Mann mit dem prächtigen Bart und dem intensiven Blick, der eindrucksvollen Gestalt.

Aber nehmen wir Papa Wassilis aus der Ikone heraus: Der Mann wie ein Bild hat eine Frau, die Protopapadistra, zwei Kinder und eine Yaya, die Großmutter.

Papa Wassilis ackert im Garten, in abgewetzter olivgrüner Armeekluft pflanzt er Gemüse und Früchte und hat ein kleines Weinfeld noch anderswo. Ist er vorschriftsmäßig gekleidet, so trägt er Schwarz vom Hals bis zum Boden, auf dem Kopf noch einmal ein Stück Schwarz, zylindrisch genau. Steht er im Zentrum seiner Arbeit, so wölbt sich über ihm eines der berühmtesten byzantinischen Fresken in der Kuppel seiner Kirche.

Papa Wassilis schlägt eine Fahrt zu seinem entfernten Weinfeld vor. Die Einladung wird perfekt, wir fahren mit der Protopapadistra und der Yaya los. Im Kofferraum ist eine große Kasserolle mit vorgekochtem Katsikaki verzurrt. Im kleinen Haus am Weinfeld soll das Essen aufgewärmt und Makaronia dazu gekocht werden.

Papa Wassilis ist groß, der Renault niedrig, er hat seinen schwarzen Toque abgenommen.

Wir fahren gewagte Straßen und Wege durch seinen Sprengel. Er deutet häufig in die Landschaft hinein, nach oben und unten. Und immer sind am Ende seines ausgestreckten Fingers ruinöse Steinhaufen, graugelbe, brüchige Bauten, aber auch blendendweiße Kapellen und Kirchen zu sehen. Er kommentiert – die Zeit springt zurück: um mehr als ein Jahrtausend oder auch nur um wenige Jahrhunderte. Müßte er an jeder geweihten Stelle ein Paniyiri, das Patrozinium, abhalten, das ganze Jahr über wäre er unterwegs …

Wir fahren im weiten Bogen sein Weinfeld an, passieren den Rand einer kleinen Felsenbucht am Meer. Papa Wassilis bremst, wir recken die Köpfe, unten liegen zwei Nackte. Sein Kommentar: Adam und Eva. Noch eine weitere Bucht, Papa Wassilis bremst wieder, hält an, geht auf eine Felsnase hinaus, ein Kaiki hat dort festgemacht. Einige Worte mit den Fischern, ein schnell geschlagenes Kreuz für das Boot, mit zwei Fischen in jeder Hand kommt er zurück. Kanaan, sagt er, steigt ein und fährt weiter.

Das Weinfeld ist winzig, das Haus auch. Die Reben ergeben zirka achthundert Liter im Jahr, das macht rund zwei Liter pro Tag. Ein Nachbar kommt aus den Feldern herüber, auf das Haus zu. Christos! raunt Papa Wassilis, wenn der uns nicht verfehlt – und das wird er nicht –, werden hier bis zum Abend mehrere Tage vertrunken sein.

Das Ziegenlamm aus dem Topf schmeckt göttlich, aber heute wäre Freitag, setze ich als Gast mutig hinzu … und wir sind alle auf Reisen, und hast du nicht den Fisch gesehen? Kommt es über einer Gabel voll Makaronia aus dem prächtigen Bart.

Papa Wassilis' Übermut und seine offensichtliche Lust am Geflunker hatten einen tieferen Grund – er fühlte sich glücklich und befreit. Über seinem Kopf in der Kirchenkuppel hatte sich ein jahrelanges Drama hingezogen, von dem er erst kürzlich den Schlußakt erlebte.

Archäologen aus Athen hatten bei Restaurierungsarbeiten nicht nur ein byzantinisches Fresko in der Kirchenkuppel, sondern darunter noch ältere Ausmalungen entdeckt.

So kam es, daß man in der Kirche jahrelang nicht viel mehr als Gerüste sah, die weit über den vorgesehenen Zeitplan hinaus stehenbleiben mußten; die Kirche war in eine Dauerbaustelle verwandelt worden, denn in mühseliger Kleinarbeit wurden nacheinander die beiden Fresken von der Kuppel gelöst. Und auch die Form der Kuppelschale mußte akkurat abgenommen werden, so daß die Malereien in paßgenauen Modulen konserviert werden konnten.

Darauf folgte ein heftiger Archäologenstreit: Welche der beiden Ausmalungen sollte wieder und endgültig in die Kuppel zurück? Die beiden Fresken waren von hohem Alter und von sehr hoher künstlerischer Qualität.

Papa Wassilis hatte kein Dilemma, sondern ein Trilemma – die beiden Fresken, den Streit der Archäologen und noch dazu eine leere Kuppel.

Die Meinungsverschiedenheiten zogen sich in die Länge. Aus dem Baugerüst kam kein Beten mehr, mancher glaubte ein Stöhnen zu hören, andere sprachen gar von Flüchen, bis Papa Wassilis den Archäologen die Entscheidung abnahm: Der als Pantokrator gemalte Christos, jener, der am längsten auf die Menschen in der Kirche herabschaute, solle den Platz in der Kuppel einnehmen. Dieser kluge Vorschlag gefiel den Archäologen und erlöste sie von ihrem Wenn und Aber.

Nun ist das jüngste, gut neunhundert Jahre alte Fresko wieder in der Kirche, Papa Wassilis schaut stolz zu seinem Pantokrator hinauf, der fast im Museum gelandet wäre.

Aber der andere, der tausendjährige Pantokrator, von dessen Existenz niemand wußte, weil er über Jahrhunderte unsichtbar war, fand seinen neuen Platz im Byzantinischen Museum.

Papa Wassilis meint, dieser Christos habe nur für hundert Jahre aus der Kuppel in die Kirche geschaut und die mit der Übermalung weggenommene Sicht neunhundert Jahre geduldig ertragen. Nun werde er zwar auf den Geruch von Weihrauch und aufsteigender Kerzenwärme verzichten müssen, dafür sehe er aber auf sehr viele Menschen hinab, an deren Anblick er sich – so sei zu hoffen – gewöhnen werde.

Der ΑΘΕΟΦΟΒΟΣ

Der keinen Gott fürchtete, war Gerasimos der Sohn
    des Lalos,
der Totengräber.
Nach Sonnenuntergang begann er zu trinken,
    im Dorf war er
in jeder Taverne zu Hause.
Die Alten luden ihn ein, prosteten ihm zu, ein
    jeder würde
ihn demnächst brauchen.
Fast jeden bekam er zweimal in die Hände,
    beim Eingraben
und beim Ausgraben.
Beim Ausgraben, wenn nach Jahren die Knochen
    in Kisten kommen,
wenn er die Erde abklopft,
sie auf das neue Maß zusammenlegt für die Beinkammer
hinter der Kirche.
Für die einen würde er von der Familie einen Koffer
    aus Blech
mit einem Vorhängeschloß bekommen.
Für die anderen, ohne nichts und niemand mehr,
    muß er beim Krämer,
den festen Karton und die Schnüre besorgen.
Da seine Arbeit im kleinen Dorf nur sehr selten
    anfiel,

hatte Gerasimos viel Zeit.
Er konnte Platon und Ritsos zitieren, selbst dichten,
    er dichtete
in ihre Lebensläufe hinein.
Sie saßen da, neugierig, leicht ängstlich,
    das Unangenehme würden sie
seiner Trunkenheit anrechnen.
Gerasimos fürchtete nur den Tag, an dem er
    nicht mehr dichten würde,
den nicht kennen,
der sich seiner annehmen würde, wenn es bei ihm
    soweit war,
die Poesie mit ins Grab zu nehmen.

Barzo und Skuretto

Eleftherios Xylopoulos hatte eine Holzhandlung auf der kleinen Insel landeinwärts am Rande des Haupt- und Hafenstädtchens. Mit dem Fortschritt war es auch hier soweit gekommen, daß sich hinter dem alten Stadtkern an der Mole ein ruppiger Gürtel aus grobschlächtigen Gebäuden, Lager- und Schrottplätzen hinzog – das Gewerbegebiet. Der schön gewachsenen Inselarchitektur – Stein auf Stein – folgen dort Schlag auf Schlag Beton und Stahl.

In der Regel versucht der Fremde diesen Verunstaltungen zu enteilen und damit einem Paradoxon, denn was seinen Geist hier stört, sind Maß und Gegenstand der Welt, aus der er kommt, aus der auch diese industriellen Güter stammen. Hergekarrt, hingestellt, abgekippt, recht und schlecht gestapelt, finden sie sich hier zuhauf, noch ohne die dekadente Warenästhetik, prosaische Güter durch besondere Formen der Inszenierung zu adeln.

Die Holzhandlung von Eleftherios Xylopoulos war zweischichtig. Einerseits hatte sie ein wildes Sortiment an knüppelartigen Stangen und Balken, die als Deckenbalken aus den Wäldern Nordgriechenlands, aus Epirus und Makedonien, kamen. Dann gab es aber auch diese importierten Bretter aus Nord- und Mitteleuropa, meist käsblonde Fichte, exakt zugeschnitten, nach Länge und Stärke sortiert, numeriert, Brett für Brett am Stirnschnitt gestempelt, fein säuberlich in Plastikfolie eingeschweißt.

Wie maßgeschneidert paßte der Familienname von Elefthe-
rios zu seinem Gewerbe. Xylopoulos ließ sich in etwa mit
»Holzinger« übersetzen, doch man nannte ihn nur den
Skuretto – das Brett.

Skurettos Freund war Barzo. Der wiederum hatte seinen
Spitznamen weg, weil er seit eh und je ein verschworener
Anhänger des FC Barcelona war.

Barzo gehörte ein Stück hinter der Holzhandlung inmitten
der aufragenden Betonbauten ein flacher Ziegelbau mit
einer Tür und drei Fenstern. Wann immer ein Kunde bei
Skuretto Bretter bestellte, hobelte Barzo sie für den Freund.
Die Außenwände seiner Werkstatt hingen voller kleiner
Käfige mit vielerlei bunten Vögeln darin. Man hörte sie
ununterbrochen zwitschern und singen, solange Barzo seine Hobelmaschine nicht anstellte. Innen waren die Wände
mit Bildern der Fußballer des 1. FC Barcelona übersät, und
wenn Barzo arbeitete, war er in der Arena und sie waren
seine Zuschauer.

Er las alle Fußballzeitschriften, deren er habhaft werden
konnte, und gab es anderes zu tun, dann stellte er die
Hobelmaschine an, um Bretter ein- oder zweiseitig zu ho-
beln, wenn ein Kunde von Skuretto sie so bestellte. Dies
geschah nicht zu oft. Barzo war zufrieden und stellte nachts
alle Vögel mit den Käfigen in seine Werkstatt.

Ioannis

Als sie oben auf dem Berg das Kind tauften, nannten sie es nach dem Heiligen, dem die Kapelle gewidmet war: Ioannis Evangelistros. Furchtbar muß es gewesen sein, als zur Gewißheit wurde, daß das Kind taub und stumm war und so bleiben würde. Es war Krieg, das Land von den Soldaten aus dem Norden besetzt, Hunger überall. Wie sollte man über das Meer in die Hauptstadt gelangen, wo es vielleicht einen Arzt gab, der helfen konnte?

Ioannis, der sprach- und gehörlose Evangelist, war nun um die Fünfzig. Als Ziegenhirt hatte er seinen Platz im Dorfgefüge. Er kreiste mit den Tieren sein Leben lang auf den Bergen um sein Dorf, das in kleinen weißen Würfeln unter ihm lag. Weil die Ziegen zu den verschiedenen Häusern gehörten, hatte er Zugang zu jedem in der Gemeinschaft.

Ioannis' Sprache bestand aus nachgeahmten und selbsterfundenen Gesten mit Kopf, Händen, Armen, dem ganzen Körper; er zog zahllose Grimassen und verfügte über eine Vielfalt an Möglichkeiten, mit den Augen zu reden. In Situationen mit großer Erregung stieß er monotone Laute aus, dumpfe Töne aus dem Brustkasten durch die Kehle gedrückt, für ihn sichtlich eine große Anstrengung, die ihn schnell erschöpfte.

Seine Ziegen waren ohne Glocken, er suchte und fand sie, hielt sie mit den Augen zusammen, dirigierte sie, wenn nötig, mit geworfenen Steinen.

Die Augen waren sein Werkzeug. In der Taverne, wenn kreuz und quer geredet wurde, flog Ioannis' Kopf hin und her, seine Blicke von Mund zu Mund. Er schnappte mit dem Kiefer, seine Lippen modellierten nach, was aus den anderen Mündern kam. Dabei schob seine lautlos arbeitende Zunge den Speichel über die untere Zahnreihe, er lief glänzend durch die grauen Bartstoppeln am Kinn und troff auf Hemd und Boden.

Manchmal wirkten seine Gebärden, als parodierte er alle Anwesenden gleichzeitig. Doch es war seine Art, an ihren Gesprächen teilzunehmen, ihnen zu folgen, wobei niemand genau wußte, wieviel er verstand. Schaukelten sich die Themen hoch, stand Streit im Raum, dann konnte es sein, daß Ioannis aus seiner Ecke sprang und nun wirklich den einen oder anderen parodierte, der gerade am wichtigsten tat. Nicht selten vertrieb er dadurch den heraufziehenden Ernst und verwandelte die Lage ins Komische. Die Streithähne waren oft dieselben, die ihn früher gehänselt hatten. Nun zahlte er ihnen mit seiner Münze heim und hatte wohl insgeheim seinen Spaß daran.

Diese pantomimischen Fähigkeiten waren auch der Grund, warum man sich nur noch sehr selten über ihn lustig machte. Zuviel hatten Ioannis' Augen von dem gesehen, was in entlegenen Gegenden passierte, hinter Büschen, Mauern und Felsen, im Weinfeld oder im Auto. Er hatte sie nicht nur mit ihren Ziegen, sondern auch mit ihren Heimlichkeiten eingekreist.

Meist war er ein vielleicht eher unfreiwilliger Zeuge, wer wußte das schon genau? Sicher war man dagegen, daß Ioannis niemals darüber reden würde. Doch alle scheuten seine Botschaften der eindeutigen Gebärden. Der Sprachlose konnte ihnen unversehens gefährliche Gestalt verleihen.

Nächtliche
Insel

Mondschein.
Gewölbtes Sternengeflecht
über gerippten Feldern. Schwarzes
Netzwerk, Schattenverläufe der Feldstein-
mauern. Fahles Licht liegt auf ausgedörrtem Braun.
Der Gluthauch vom Tag ist längst im Boden versenkt.
Weitum gestreut, die kalkweißen Kuppeln der Kapellen,
kleine Planetarien als Fixpunkte in der dunkel fließenden
Landschaft, sie sammeln und verwandeln das Mondlicht in Blau –

strahlen es zurück, bewahren einen Teil davon auf, für den
Kosmos der Kuppel, für die innere Kühle, gegen die Blendung
am morgigen Tag.

Der Kürbiskernmann

Im Dunst und aus einer gewissen Entfernung sind die Konturen der Insel noch ungenau. Sie zeigt sich als bräunliche, unförmige Masse. Dunklere Partien ergeben später Einschnitte, mit Grün ausgelegte Täler, die verstreuten winzigen weißen Punkte werden zu Häusern.

Im Näherkommen, noch bevor man die Menschen deutlich erkennt, wird zuerst der kleine Hafen eine genauere Form annehmen. Sein gezirkeltes Dreiviertelrund wird zur Scheibe, zum blauen Zifferblatt, die weißen, rundherum aufgestellten Häuser mit den schwarzen Schattenschlitzen der Straßen und Gassen scheinen wie bei einer Uhr die Zeit einzuteilen.

Irgendwo wird sich der Kürbiskernmann als Minuten- oder Stundenzeiger bewegen. Meistens sitzt er natürlich an seinem Standort, ziemlich in der Mitte der Zeitkurve, zwischen einem Kafenion und der Agrar-Bank.

Sein Geschäft ist fahrbar. Auf das Chassis eines Kinderwagens hat Charalambos, genannt Lambis, einen viereckigen Kasten mit Glasscheiben gebaut, durch die seine Ware zu sehen ist: Kürbiskerne, Pistazien, Stragalia und Sesamhonigriegel. Letztere sind in Cellophanpapier fertig verpackt, die anderen Dinge kommen in gewünschter Menge in kleine graue Papierspitztüten.

In größeren, fast regelmäßigen Zeitabständen, aber auf keinen Fall so regelmäßig, daß man eine Uhr nach ihm stellen könnte, fährt Lambis den Hafenbogen in beide Richtungen ab und kehrt wieder zu seinem angestammten Platz zurück. Da und dort hat er einiges verkauft. Kürbiskerne an Männer in den Kafenia, an in Türrahmen stehende Geschäftsleute, nach Schulschluß an Kinder einige Riegel Pastelli.

Am meisten verkauft er von den Kürbiskernen. Er selbst mag sie gern, für ihn waren sie gewissermaßen unverzichtbar; er braucht die Kerne zum Sinnieren, wenn er sich an seinem Platz installiert hat, auf seinem Klapphocker sitzt und auf das Meer hinausschaut.

Lambis ist Meister im Öffnen der Kürbiskerne. Ein Kern hochkant zwischen die Zähne gesteckt, die Kiefer leicht gegeneinander bewegt, ein Zusammenspiel mit der Zunge, und schon sind Hülle und Kern voneinander getrennt, die Schalensplitter weggespuckt. So sitzt Lambis stundenlang unbeweglich, nur die rechte Hand versorgt in Abständen den Mund mit einem Kürbiskern.

Rund um Lambis liegen wie feines Streu die mattgelben Schalen, man sieht, wie um ihn herum die Zeit verrinnt.

Passatempo, die Zeit vergeht, so heißen auch die Kürbiskerne, überall, nicht nur bei Lambis.

Zwischen der Kürbiskernknabberei raucht Lambis ab und zu eine würzige Zigarette ohne Filter, die er nie aus dem Mund nimmt. Noch vor einem Jahr schaute er mit zusammengekniffenen Augen auf das Meer, zum Horizont, den er in seinem Leben nie erreicht hat und auch nicht erreichen will. Sein Ort und seine Zeit ist hier. Den Raum hinter dem Horizont füllt er mit seiner Phantasie, nie hatte er den Wunsch, durch Reisen etwas zu erleben.

War die kalte Kippe in seinem Mundwinkel mit Feuchtigkeit so vollgesogen, daß sie die richtige Schwere hatte, dann konnte er den Stummel mit den Fingern bis ins Meer

schnippen, ohne aufzustehen. Bei Wind oder mit Filterziga-
retten funktionierte das Spiel auf keinen Fall.

Doch seit dem letzten Jahr geht überhaupt nichts mehr. Sie
haben die Hafenstraße um das Doppelte verbreitert und
asphaltiert. An der hinausgerückten Kante der Mole parken
nun die Autos, dazwischen stehen die Müllcontainer der
vergrößerten Cafés und Tavernen.

Lambis' Blick auf das wandernde Licht und die Schatten auf
seiner Hafenzeitscheibe sind nun verstellt, der Weg seiner
Gedanken zum Horizont und darüber hinweg unterbrochen.

Klöppelschlag

Der geworfene Reis flog wie feiner Hagel durch die Luft, vom Altar sprangen die Körner zurück, am Steinboden hüpften sie zwischen die tanzenden Beine des Popen, des Brautpaars und der Zeugen, sie wurden zertreten oder spritzten zwischen die Schuhe der Hochzeitsgesellschaft. Die Trauungszeremonie mit dem kleinen Tanz um den Altar neigt sich gerade dem Ende zu, als das Telefon hinter einer Säule läutete. Gott war offensichtlich nicht am Apparat, denn als endlich einer den Hörer abnahm, wich die Freude aus seinem Gesicht. Der Pope fuhr sich durch den Bart, nochmals fielen einige Reiskörner auf den Boden, man hielt ihm den Hörer entgegen. Der Mund des Popen, der gerade noch laut und schön gesungen hatte, zischelte heftige Worte, als wäre der Teufel am anderen Ende des Drahts. Würde der es wagen, in einer Kirche anzurufen?

Der Fremde, eingekeilt in die fröhliche Gesellschaft, gelangte mit nach draußen. Die Taverne gegenüber war ganz auf Estiatorion hergerichtet, die Papiertischtücher verschwunden, weißer Stoff lag unter Blumen, Geschirr und Gläsern. Wer könnte vorhin angerufen haben? Und überhaupt, nicht weit vom Altar ein Telefon?

»Da war nichts, Freund«, sagte einer, »ich kenne das Gesicht des Popen, das war ganz sicher wieder der lästige Elektrologos aus Patras, der will dem Popen ein elektrisches Läutwerk für die Glocke aufschwätzen, wie es die Lateiner haben. Der

Papas wollte zwar das Telefon in der Kirche, aber nicht einen Apparat, der automatisch auf Schlag alle Stunde den Leuten sagt, was sie ohnehin wissen: Die Zeit vergeht. Am Morgen und am Abend braucht sein Arm den Zug und Gegenschlag von Seil und Klöppel, und unsereiner hört dabei noch heraus, ob er gut oder schlecht gelaunt ist, verstehst du?«

Dosen in der Schlangengrube

Die unbefestigte Straße nach Mochlos fällt steil ab. Sie ist sehr eng, überwiegend in den Fels geschlagen, gebohrt, gesprengt und folgt so zwangsläufig dem Profil des zum Meer hinabfallenden Massivs. Die Straße war als Serpentine angelegt, und vom fernen Boot aus wirkt sie fast wie eine dem Meer entsteigende gigantische Schlange.

Sie wird tatsächlich Phidi, Schlange, genannt; aus der großen Distanz von Jachten und Kreuzfahrtschiffen fällt es doch leicht, die Straße in ein vermeintliches Kunstwerk umzudeuten. Man ist informiert und hat doch nicht umsonst in den Regalen zu Hause diese schönen Bildbände über verpackte Küsten und dergleichen herumstehen.

Den Namen der Schlange aber erhielt die Straße wegen ihrer Gefährlichkeit, die schwer einschätzbaren Spitzkehren, schräg querende Ausspülungen, die tückischen Sandbordüren an den Kurvenrändern zum Abgrund und die unvorhersehbaren Steinschläge zu allen Jahreszeiten. Kein Wunder also, wenn an vielen Stellen kleine Kreuze aus Marmor und Blech stehen, dabei ein Öllämpchen brennt oder verdorrte Blumen liegen. Auch ein Italiener muß hier ungewollt zu einem Ikarus geworden sein – Giuseppe morte – Serpentara dolorosa – hat jemand mit dem Finger und Motoröl an ein glattes Stück Fels geschrieben.

Ungefähr auf halber Höhe zwischen dem Meer und der obersten Kante des Felsplateaus, befindet sich ein größerer

Rücksprung in den Gesteinsformationen. Hier ist die Straße in einer weiten Kehre angelegt, es bleibt sogar noch Platz für einige Autos zum Parken – und im restlichen Winkel der spitz aufeinander stoßenden Felswände hat Babis seine »Raststätte« gebaut. »Gebaut« ist fast übertrieben, für den Laden mit dem dreieckigen Grundriß hat ihm die Natur zwei Mauern umsonst gestellt.

»Ich bin der Magen der Schlange – was willst du?« war die übliche Begrüßung von Babis.

»Wein, Schnaps, Bier – was bekomme ich?«

»Die Schlange trinkt nichts davon – du bekommst höchstens ein Kartutso Krassi, ein Potiraki Tsipuro, Bier macht müde, Wasser, soviel du willst, Käse, Oliven, Spiegeleier, Patates, Tomatensalat, Kaffee, Eis.«

»Limonade?«

»Die Schlange trinkt keine Limonade und kein Cola – ich habe da, wenn du willst – du mußt aber die leeren Dosen mitnehmen …«

»Mitnehmen?«

»Mitnehmen, die Schlange mag keine leeren Dosen – und ich mag meine Ruhe.«

»Ruhe?«

»Mein Gewissen und die Touristen.«

»Ich verstehe nix.«

»Du verstehst schon – jeder zweite Tourist, und jeder erste aus Germania, fragt mich, ob ich die leeren Dosen in die Schlucht werfe.«

»Kennst du die Sache mit dem Umweltsch …«

»Oh, Christos! Laß mich, nimm deine leere Dose und bring sie zu dem, der sie dir gemacht hat! Kyrie eleison!«

ΣΕΙΣΜΟΣ

Sophoklis hob den Stein auf,
wog ihn in der Hand
Ist er so klein wie mein
kleines Gehirn?
Was glaubst du, wie oft ich mich am Tag bücke,
um diese Steine aus der Erde zu klauben,
beim Ackern kommen sie zuhauf heraus,
als würde sie einer von unten nachschieben.
In meinem hinteren Hirn sitzt immer der Gedanke,
jeder von uns Bauern hat ihn dort hinten,
und der Traum holt ihn oft raus,
daß die Steine am Boden springen
und die Häuser Risse kriegen,
wenn nicht mehr.

Barba Jannis

Auf dem Prophitis Ilias, dem Berg gegenüber, stieg Rauch
auf. Ein zweites Mal würden sie also kommen. Da blieb noch
eine schlechte Stunde Zeit für herüben. An die hohe wei-
tersteigende Felswand waren die paar Häuser gebaut. Verschieden weit unten setzten ihre Fundamente an, wie große
Kamine lehnten sie am Fels, ebenso grau. Erst oben, wo die
Fensterlöcher weiß umkalkt waren, wohnten die Leute, denen das Rauchzeichen galt.
Die paar Männer richteten das starke Fernglas vom Arzt in
der Stadt, hinunter auf die erste Krümmung des sich in
langen Schlingen heraufziehenden Weges.
Auch die Frauen sahen mit freiem Auge plötzlich das ferne Glitzern; durch das Fernglas war die Sonne zu erkennen, die die Windschutzscheiben traf. Sie waren es wieder, diesmal viel mehr, drei von den kantigen,
offenen Wagen, acht schwere Motorräder, zwei davon mit
Beiwagen.
Sie kamen nur schwer voran, Geröll und Felsbrocken lagen
auf dem engen Weg.
Die Männer vom Dorf mußten sich wieder von den Kindern
und Frauen verabschieden, sich aufmachen, in den ringsum
verstreuten Höhlen verschwinden.
Sechs Tage kampierten die Uniformierten auf dem Sattel
unterhalb des Dorfes. Zwei Schafe nahmen sie, eine Ziege
und neun Hühner und brieten sie.

Elf Männer fingen sie, sechs weitere blieben verschwunden. In der siebten Nacht, kurz vor dem Morgengrauen, stellten sie die elf an den Rand der Schlucht. Einer mit schwarzem Kragen verlas ein Papier und gab das Kommando. Die alten gefundenen Gewehre zerschlugen sie und warfen sie in die Schlucht.

Danach zogen alle Uniformierten ab, bis auf vier Posten, die am Abend den anderen folgten.

Barba Jannis lag den Tag und die Nacht in der Schlucht, bis man ihn holte.

Der Streifschuß zwischen Arm und Brust heilte gut, das rechte Handgelenk und der linke Fuß wurden brandig. Der Arzt kam spät, zweimal waren viel heißes Wasser und viele Tücher, eine Flasche Tsipuro nötig.

Barba Jannis trug später an den Stümpfen zwei dicke Lederhülsen. Die eine endete mit einem starken Holzstock amBoden, die am Arm mit einem krummen Eisennagel.

Viele Jahre später, saß Barba Jannis den ganzen Tag vor dem Kafenion in der Hauptgasse des Dorfes. Fünf Schritte gegenüber hatte man einen Raum als Museum eingerichtet. Sechstausend Jahre alte Scherben, noch ältere Idole aus flachem Marmor waren in der Umgebung gefunden worden. Auch der Torso eines klassischen Jünglings gehörte dazu. Der war ähnlich wie Barba Jannis gestützt.

Nun kamen Fremde herauf ins Dorf, die Autos dürfen auch heute noch nicht hinein, müssen auf dem Sattel abgestellt werden. Manche offenen Leihwagen, Buggys, wurden von luftgekühlten Heckmotoren getrieben, deren sirrendes Geräusch die Älteren im Dorf noch gut in Erinnerung hatten.

Kamen Touristen in die Gasse, dann sperrte Barba Jannis das kleine Museum auf.

Es kam vor, daß Rotgesichtige von weit her sich im Museum heimlich in die Hüften stießen angesichts des lebenden Torsos; Barba Jannis tat dann so, als merkte er nichts. Er war zu allen Leuten freundlich, manchen gegenüber höflich. Nie sagte er das eine in ihn eingegrabene Wort, das in deutsche wie in österreichische Ohren Eingang gefunden hätte: Vergeltungsaktion.

Oberst Fremmel

Der Oberst war Knochensammler. Als Offizier und Angehöriger der Deutschen Wehrmacht war es sein Schicksal im Krieg, in Griechenland für die deutsche Sache zu kämpfen. Der Archäologe und Professor Ernst Buschor an der Universität München meinte hingegen, Deutschland würde für das große griechische Erbe an den Rändern des Abendlandes kämpfen.

Nun, die Hakenkreuzfahne flatterte auf der Akropolis über Athen, und auch der einfühlsame Erhart Kästner, ebenfalls wie Fremmel auf dem Kriegsschauplatz in Griechenland, hat wohl gemerkt, wie es ausschaut, wenn moderne Barbaren als falsche Erben die Griechen und ihr Land niedermachen.

Kästner hatte als Künstler das Privileg, eher zu schreiben als zu schießen. Was ziemlich in Vergessenheit geraten ist: Jede deutsche Truppe hatte ihre Kriegsmaler dabei. Mit Feder und Stift schwärmten sie in der Etappe aus, zeichneten typische (eroberte) Landschaften, rauchende Ruinen, verzweifelte Einheimische mit leeren Mägen und Tellern als Idylle. Die Vollidioten unter ihnen strichelten auch noch handgranatenwerfende Landser und aufgerissene Bäuche von Kühen und Eseln – im festen Glauben, dem Realismus in der Malerei näherzukommen, wenngleich nebenan Kriegsfotografen und Filmer ihre Kameras auf dasselbe Unheil richteten.

161

Kästner war von Griechenland nachhaltig beeindruckt. Bereiste es auch in friedlichen Zeiten, schrieb schöne und feinsinnige Texte. Am angerichteten und lange anhaltenden Grauen schrieb er auf geheimnisvolle Weise vorbei.

Aber wo war Oberst Fremmel geblieben? Man weiß wenig über ihn. Sicher ist, er hat den Rückzug nicht mitgemacht. Hatte ihn die verrückte Seite der Griechen erwischt, und war er ihr verfallen? Von einem Stück Landschaft festgehalten? Einer Frau, Freunden, dem Wein? Von allem zusammen? Man weiß es nicht.

Doch später bekommt der Oberst wieder eine Kontur, er taucht auf in neuer Funktion. Der deutsche Kriegsgräberverband plant große Sammelfriedhöfe, nun auch in Griechenland – jeder tote deutsche Soldat wird gebraucht. Es sind zwar genug vorhanden, doch gibt es noch viele unbekannte Gräber über die Inseln und auf dem Festland verstreut. Fremmel, der inzwischen Landeskundige, wird beauftragt, die Toten zu suchen. Er geht auf Reisen, jahrelang. Er kommt zu Bürgermeistern, geht die Winkel der kleinsten Friedhöfe ab, erkundigt sich bei alten Popen und Ärzten, kundschaftet bei Bauern, deren Felder einmal Schlachtfelder waren, er befragt Hirten, wo in zerklüfteten Gegenden gemetzelt wurde.

Und immer wieder sind es die Tavernen in den Dörfern, wo man in der Zeitung liest, daß ein Deutscher tote Deutsche von damals sucht. Fremmel findet die dort zusammensitzenden Alten, die sich an dies und das erinnern – ja natürlich, da oben haben wir einen begraben, und der andere weiß von einem Grab drei Dörfer weiter.

Fremmel setzt pro deutsches Skelett eine Summe aus. Kein Problem, wir trinken jetzt in aller Ruhe noch ein Kilo Krassi – in vierzehn Tagen bringen wir dir die Knochen

hierher. Ja, man wird auf die Erkennungsmarken achten –
sie hoffentlich auch finden und mitbringen.

Nach zwei Wochen kommt Fremmel wieder in die Taverne,
die Bauern sind da, mit ihnen ein Makaroniakarton voller
Knochen, ein weiterer holländischer Kondensmilchkarton
enthält ebenfalls bis obenhin Gebein, dann ist da noch ein
Sack mit zwei Schädeln und zwei Erkennungsmarken. Im
Krieg und bei dem felsigen Boden mit wenig Erde – was willst
du, Krieg war, und hungrige Tiere gab es auch!

Fremmel ist zufrieden, zahlt aus, und man stößt auf die
Toten und auf gute Freundschaft an.

Der Oberst reist ununterbrochen mit seinen Knochenpake-
ten herum, sammelt ein, liefert ab. Am leichtesten kommt
er an die Knochen in einsamen Landstrichen in den Bergen,
denn es fällt allmählich immer schwerer, tote Soldaten zu
finden.

In den Tavernen der abgelegenen Dörfer wartet man schon
auf ihn, hat Knochenpakete bereit und die Gläser besonders
gut gespült. Langsam fällt ihm auf, daß bei den Gebeinen
in den Kartons immer häufiger die Schädel fehlen, die
Knochen bisweilen auch fremde Formen haben – und von
Erkennungsmarken seit geraumer Zeit nicht mehr die Rede
ist.

Wie gewohnt sieht er in die Runde, stößt er mit den Bauern
an, wieder auf die Knochen, und keiner am Tisch weiß,
wieviel unbekannte tote Soldaten diese Welt besitzt.

Der alte Niko –
oder The Battle of Crete

Auf der langen Insel, weit abseits, nach zwei Tälern, verläuft, kaum noch sichtbar, die alte Steinstraße hinauf zu einem unwirtlichen Plateau. Früher war sie die Verbindung für Muli- und Karrentransporte in eine dahinter gelegene Gegend. Jetzt, in der modernen Zeit, hat man den ruppigen Gebirgsstock außen herum mit asphaltierten Straßen weiträumig umfahren, und die alte Abkürzung über den Sattel ist überflüssig geworden. Aus der Ferne sind diese Narben des Fortschritts in der sonst unversehrten Landschaft schnell zu erkennen, weniger der aufgelassene Steinweg, der fast wieder zur Natur geworden ist; Sturzbäche haben ihn ausgeschwemmt, seine ehemals durchgehende Linie ist mehrfach unterbrochen.

Die fast ebene Anhöhe mit dem abfallenden Fels rundum, ein stumpfer Kegel gigantischen Ausmaßes, könnte in ihrer kühlen Höhe gut der Platz eines minoischen Sommerpalastes gewesen sein, oder, weil weitab vom Meer, eine der Fluchtburgen, wie sie die ehemals venezianischen Besetzer im Landesinneren dringend benötigten, wenn der kretische Zorn in Wallung geriet. Doch kein Mauerrest beweist, daß diese Deutung richtig ist – die in der Umgebung höher aufsteigenden Berge lassen die Fläche nur um so abrupter als ein auffälliges Monument der Leere erscheinen.

Auf diesem Plateau, in einer von unten uneinsehbaren Ecke, haust der alte Niko. Bei den im Tal verstreut lebenden

Bauern sagt man, er sei ein steinalter Einsiedler, ein ziemlich schwieriger Fall, eben ein Anthropos mystirios. Höchstens im Sommer komme er einmal herunter, um etwas Diesel für seine alte Pumpe zu holen, die er nur anwerfe, wenn eine der oberen Quellen versiege und er in einem abgründigen Schacht an das Grundwasser müsse. Komme man dort oben in seine Nähe, stoße man auf wenig Freundlichkeit und auf einen kaum gesenkten Gewehrlauf.

Immer, wenn auf den Höfen eine Ziege vermißt wird, heißt es: Die hat der alte Niko auf dem Gewissen. Nun waren in der letzten Zeit mehrere Ziegen nicht mehr auffindbar, Grund genug für lange Erwägungen – mit dem Beschluß am Ende: Eine Abordnung steigt zum alten Niko hinauf. Alle sechs haben ihre Flinten dabei, und wer wüßte auf Kreta einen Mann, der im Gegensatz zu den Schweizern nicht freiwillig eine Waffe im Haus hätte!

Sie treffen auf Ziegen, die nicht die ihren sind. Im Näherkommen staunen sie, daß das Haus von Niko doch größer ist, als bisher von weitem geschätzt. Sie gehen vorsichtig um das Gebäude herum, zwei schmale Fensterschlitze sind von innen mit Töpfen zugestellt. Niko hat sich verbarrikadiert. Die Hausmauern bestehen an drei Seiten aus schweren, aufgeschichteten Bruchsteinen, die vierte Wand ist aus Holzstücken kreuz und quer übereinander zusammengenagelt, gebogene Knüppel dazwischen, wie der eindrucksvolle Rest einer Arche.

»Niko, wir wollen ins Haus – du hast unsere Ziegen darin versteckt, wir wissen es.« – »Sto Diabolo, nichts wißt ihr, hier sind keine Ziegen!« – »Wir schießen so lange auf dein Haus, bis das Holz zusammenfällt!« Langsam bewegt sich ein kleines Stück der Arche Noah nach außen, hinter dem Holzschild kommt Nikos Kopf zur Hälfte hervor: »Ich lasse euch herein, wenn ihr mir nicht nehmt, was ich habe!« – »Nichts

werden wir nehmen, nur das, was uns gehört. Entaxi?« –
»Symphoni!« Die sechs zwängen sich durch die erweiterte
Luke und erstarren mit offenen Mündern vor einem ölig
schimmernden Koloß, einem unversehrten Panzer der
Deutschen Wehrmacht, das Balkenkreuz schwarz-weiß am
Turm. »Panagia! Niko! Mensch! Anthrope! – Was ist das?«
– »Anthropi – keine Aufregung – der ist nur für den Notfall!«

Unbewohnte Insel

Gneis,
Granit
und Marmor
Schiefer, Porphyr
Schmirgel, Kalkstein,
Konglomerate, mittendrin
Katzengold, Speckstein und
Alabaster. Bimssteingries, Lavabrocken.
Hat es Steine geregnet?
Das Meer umrundet den Haufen, das Holzboot stößt
auf den Sand in der Bucht. Leise knirscht der Kiel.
Ein fremdes Geräusch für die erdlose Insel, niemals hat
sie es mit dem Regen zu einem Baum gebracht. Doch zur
Tätowierung mit gelbbraunen und indigoschwarzen Flechten,
in Ritzen zu scharfschnittigen Gräsern mit lichtblauen Sternen.

Exorzismus

Während der sehr heißen Jahreszeit ändert der Himmel vom frühen Morgen zum Mittag hin seine hohe Wölbung. Die kobaltblaue Tiefe verblaßt in ein flach gespanntes Zinnblau; inmitten die Sonne, ein weißglühender Schmelzpunkt.

Bevor dieser Planet zu steil gerät, auf jede Bewegung niedersticht, erledigen die Inselbewohner ihre Angelegenheiten im noch verhandenen Schatten der Gassen und Straßen. Geschäftiges Hin und Her an der Paralia, der Hafenkurve, die mit ihren Cafés und Tavernen am Abend von den Touristen überflutet sein wird ...

Jetzt im morgendlichen Treiben der Einheimischen zeigt sich der normale Alltag – das Wort Kalimera hüpft hin und her, auf Traktoren hinauf, zu Bauern, die bei der Bank, auf Ämtern zu tun haben oder gar mit einem Stier auf dem Hänger zur Verladung am Hafen fahren. Das Kalimera springt aus den Kabinen mehrachsiger Laster mit rohen Marmorblöcken, aus anderen mit hochgetürmten Kartoffelsäcken – beides ist für das Festland bestimmt, ist seit eh und je Exportgut der Insel. Die Laster werden nicht leer von Piräus zurückkommen, sie werden Zement, Ziegel, Baustahl und wieder einmal ein Geschwader neuer Plastikstühle für ein Café mitbringen ...

Das Meer blinkt optimistisch blau. Draußen manövriert rückwärts eine größere Fähre, bald wird ihre mächtige Zun-

ge auf den Kai niedergehen, auf der die Laster im Schiffs-
bauch verschwinden.

Im langen Bogen zieht die Mole her zu den Häusern,
gelegentlich stehen an ihrem Rand rauchende Männer, die
Nylonfäden mit dem kleinen Haken am Ende verschwinden
aus ihren Händen unten im Wasser.

Im Schatten der weiß gekalkten Agrarbank hat eine Bäuerin
aus den Bergen ihren Käse ausgebreitet: runde Scheiben,
gelbfleckig und groß wie das Hartgeld von Kyklopen, ganz,
halbiert, geviertelt, Schnipsel zum Probieren. Daneben an
der Wand lehnt wie eine rostige Sichel ein ausgemergelter
Alter. Dem kleinwüchsigen Mann ist es leicht anzumerken:
Das lebenslange Bücken auf dem Feld und das Rheuma
haben ihn auf Dauer gekrümmt. Seine Lenden sind mit
einem grauen Wollschal umwickelt. Die zurückgeschobene
Kappe über dem Ledergesicht gibt auf der Stirn einen
hellen Bogen frei, die Sonne hat ihn dort niemals getroffen.
Seine verwaschenen Kleider gehen in die Farbe des Esels
über, der neben ihm steht. Dessen Last steht auf dem
Boden: Zwei Körbe voll Tomaten, durcheinander, grün,
gelbrot, rot, klein, mittel, groß, sehr groß, verrückt verwach-
sene Formen, allesamt wären sie ein Schrecken für die
genormten Schablonen der Kommissare in Brüssel.

Die Tomaten im Rücken, ein paar Schritte weiter, aus dem
Türrahmen meines Ziels dringt helle Inselmusik. Ich gehe
rein.

Die hochtönige Musik aus dem Kassettenradio macht den
Raum noch weiter und luftiger, als er ohnehin schon ist; der
Boden erscheint mir bewegter als sonst, obwohl ich den
schwarzweiß gefiederten Marmor schon oft bestaunt habe.
Die Batterien der Flaschen und Dosen in den lagen Wand-

regalen stehen aufgereiht wie immer – auch das auf die Ladentheke zum Eingang hin zunehmende Gewirr aus anderen Flaschen, Marmeladen-, Honiggläsern, Olivenölkanistern und allerlei Zeugs – diese erstarrte Lawine ist mir vertraut.

Doch etwas ist verändert. Langsam suche ich nach dem Grund. Die große Taverne wirkt klarer, weil die Stühle und Tische beiseite geräumt waren. Im leeren Mittelpunkt stehen noch mal drei Tische zu einer Tafel zusammengeschoben, mit einem langen Tuch bedeckt, darauf eine einsame rote Plastikschüssel, bis zum Rand mit Wasser gefüllt. Unregelmäßig von diesem Tisch entfernt auf drei Stühlen sitzend die drei Berge von Menschen: Elli, die Wirtin, Tochter und Sohn.

Ich bin der einzige Gast; den dreien zunickend setze ich mich ein Stück weiter weg an die Wand. Sie haben auf mich kaum reagiert, irgendwie erscheinen sie abwesend, mit Warten und ihren Körpermassen beschäftigt zu sein.

Die Musik hört auf, vollständige Ruhe im Raum, nur kurzes gelegentliches Gegrummel verbindet die drei bruchstückhaft miteinander.

Die Situation ist mir unvertraut, ansonsten kenne ich die drei nur als durch den Raum pendelnde Massen, während ich den Elliniko metrio trinke und irgendwie auf nichts warte. Jetzt warten auch sie, wir warten zusammen.

Ein Luftzug – der schmächtige Junge, der sonst abends aushilft, hat mir den Kaffee und das Glas Wasser hingestellt. Das Gegenlicht im Türrahmen verschwindet, ein weiterer Fleischberg drängt herein. Schwarzes Rohrstück auf dem Kopf, mehrere Meter indigoblauer Stoff knöchellang am Körper. Schwarzsilbern gekräuselter Bart, Haarknoten im Nacken, blitzende Augen unter Bürstenbrauen. In den anderen Schwergewichten entsteht Bewegung, sie kommen von ihren Stühlen hoch – der Magnet ist der eingetretene Pope.

Nach einem Kalimera holt der Priester aus seinem Sack ein kleines Metallkreuz, ein grünes Kräuterbüschel, fast schon ein Besen, eine krummschwartige Bibel und ein gerolltes Stoffband. Er legt die vier Dinge vor sich auf den großen Tisch, rollt die Stola aus, küßt sie in der Mitte, legt sie um, nickt in die Runde und fängt an zu beten.

Nach einer Weile erhebt er die Stimme, bis sie die Resonanz des großen Raumes voll erfüllt. Ich bin unversehens in eine religiöse Handlung verwickelt, der Vorgang ist eindrucksvoll, auch ich habe mich von meinem Stuhl erhoben.

Um den Altar à la minute stehen in sich gekehrt die Kolosse, nur Elli lugt immer wieder zum Eingang, ob nicht doch so früh ein Fremder etwas kaufen will. Und es passiert: Zwei Touristinnen kommen durch die Tür – und Elli ist schon unterwegs. Ein Stück Käse fliegt auf die Waage, der Sohn fängt zu zittern an, ein Ruck durchläuft ihn, er rennt schreiend auf die Straße, kommt wieder zurück, verschließt die Ladentüre, die Tochter wischt eine Träne weg. Unbeirrt ist der Pope in seinem Singgebet fortgefahren. Als Elli wieder zu Tisch kommt, unterbricht er, sagt mit weltlich gelassener Zweitstimme: Den pirasi – das macht nichts – und schwingt flugs in die hymnische Tonlage seiner Gebete zurück.

Die Panagia wird immer wieder angerufen, alle Heiligen sollen einen Blick auf diese Schwergewichte werfen, den guten Fortgang der Taverne sichern, Mißgunst und Neid abwenden. Kühlschränke und Gefriertruhen summen leise im Hintergrund. Mir war niemals eine Notlage im Geschäftsgang dieser Taverne aufgefallen, im Gegenteil, jeden Abend sah ich sie berstend voll besetzt. Handelt es sich hier nur um eine gewisse Vorsorge? Die Absegnung von Gier? Oder um schlichte Dankbarkeit, weil die Gewinne schon in ein paar neue Häuser umgesetzt sind?

Elli muß sich inzwischen hinsetzen, ihre Augen sind steil auf den Plafond gerichtet, bloß keine Versuchung, kein Blick zur Ladentüre ...

Der Priester wechselt nun öfters von der Brust- in die Kopfstimme, der Höhepunkt ist zu erwarten. Es ist soweit: Das Wasser in der Plastikschüssel hat den richtigen Weihegrad erreicht. Der Kräuterbüschel fällt hinein, in weiten Schritten geht das große Indigoblau den Raum ab, heftige Schwünge bringen das Wasser an die Wände, mehrmals kommt er zur Schüssel zurück, tankt den Büschel wieder auf. Und wirklich auf alles gehen die Spritzer nieder. Die Bier- und Colakisten werden nicht vergessen. Der Pope ist gründlich, er öffnet mit Butter, Joghurt, Käse und Honig gefüllte Vitrinen – ein Schwung hinein kann nicht schaden. Der Sohn meint, sein Arbeitsplatz, die Psistaria, das Holzkohlenbratgestell mit den fünf Spießen, habe zuwenig erwischt – im Sprung bringt das Indigoblau weiteren Regen, die kalte Asche wird von Tropfen durchsiebt.

Wieder am provisorischen Altar, küssen die Schwergewichte das hingehaltene Handkreuz, und die nassen Kräuter folgen im raschen Schlag über ihre Stirnen. Das Büschel kommt auf mich zu: »Xenos ine«, schallt es in Stereo von den drei Kolossen. Zu spät, schon bin ich an der Stirn getroffen und für diesen Tag den Teufel los.

Der Photographos

Kyrios Kostas Vridakopoulos, er wird nur der Kapetanios genannt, trägt eine Kapitänsmütze. Weißer Teller, Goldverzierung, schwarzes Stirnschild. Gelegentlich setzt er sein schweres Fernglas vor die Augen und sucht das Meer ab.

Ihn nur Kapetanios zu nennen hängt mit der griechischen Tradition zusammen, partout keinen Sinn für Titel und Rangordnungen entwickeln zu wollen. Der Kapetanios ist in Wirklichkeit Admiral, oder zumindest der Oberbefehlshaber seiner Flotte aus zwölf doppelkieligen Tretbooten, acht flachen Einmensch-Paddel-Kajaks und einer größeren Anzahl von Surfbrettern.

Mit dem geliehenen Tretboot *Poseidon* waren wir in der Bucht ziemlich weit hinausgefahren, um auf einem Unterwasserriff nach Seeigeln zu tauchen. Ein Tretboot mit den kleinen Plattformen vor und hinter den Pedalen ist als Basis für maritime Operationen dieser Art sehr praktisch. Während der eine die schwimmende Insel tretend vorwärts kurbelt, hält der andere als auf dem Bauch liegende Galionsfigur den Kopf mit Taucherbrille und Schnorchel unter die Wasserfläche, um nach den Achinos Ausschau zu halten. Der Zeitpunkt für den Fang ist ideal, denn zum Vollmond hin sind viele der schwarzkugeligen Stachelhäuter besonders fruchtig gefüllt. Ihr Mundfeld, dem Fels zugewandt, hat meist fünf scharfe Zähne, die von den Muskeln eines Kalkspangen-Kieferngerüstes bewegt werden. Alles zusammen wird laut Lexikon die »Laterne des Aristoteles« genannt, schwierig zu verstehen, aber wahr.

Es ist anstrengend, unter den vielen Laternen jene auszumachen, bei denen eine geringe Farbnuance im Schwarz auf die orangefarbene und schmackhafte Füllung hindeutet. Zur Jagd kommt noch die Vorsicht hinzu, mit den Schwimmstößen der Füße keinen Igel zu treffen, deren Glasstacheln leicht abbrechen. Wenn sie erst einmal im Fleische festsitzen, wirken sie wie Wespenstiche; Urin soll die erstbeste Behandlung sein.

Es war sicher, daß der Kapetanios durch sein Fernglas das Unternehmen mit einiger Aufmerksamkeit verfolgen würde, wartete er doch mit seinem Messer und den Zitronen auf den Erfolg der Unterwasserernte.

Angelandet wurde nicht nur ein kleiner Berg Seeigel, auch ein humpelnder Taucher, dessen großer linker Zeh von einer tückischen Kante auf der Seeigelbank fast aus dem Gelenk geschlagen worden war.

Der Kapetanios kam sofort aus dem Schatten seines Sonnenschirms hervor und zum Ufer herunter. Mit rudernden Armen signalisierte er seine Anteilnahme. Daß die Rache der Seeigel nicht durch Stachelstiche, sondern durch eine Bruchkante im Stein zustande kam, rang ihm mehrere »Kerata« ab. Jetzt, wo er wie ein Einsiedlerkrebs aus dem Schattenloch seines großen Schirms hervorgekommen war und von der steilen Sonne scharf gezeichnet wurde, fiel mir die groteske Erscheinung des Kapetanios erneut so ins Auge, als sähe ich ihn zum erstenmal: Oben die golden betreßte Kapitänsmütze, unter dem Stirnschild die Pilotensonnenbrille, die nikotingelben Zähne im silbrigen Bartstoppelfeld, weiter unten das verwaschene Unterhemd über dem grauen Gewöll der Brusthaare, danach eine Khakihose, über den Kniescheiben abgeschnitten, fransig die textile

Welt beendend, schließlich der nackte Rest des Kapetanios, barfuß hornhäutig in den Sand gestellt.

Dieses Bild hierarchischen Verfalls, von den Goldtressen bis zu den eingewachsenen Fußnägeln, demonstrativ und in höchster Vollendung dargestellt an einer Person, erneuert sich in mir immer wieder, sobald ich irgendwo einen Uniformierten herumstehen sehe.

»Du mußt sofort zum Photographos!« Der Kapetanios fuchtelte, deutete auf den Zeh und zeigte gleichzeitig rückwärts auf das Städtchen. »Zum Photographos? Ein Foto vom Zeh?« Ja, zu ihm, zu keinem Arzt, nur der Photographos, würde mir in diesem Fall richtig helfen können.

Also Gang in die Stadt, ein Fuß tritt voll auf, der andere nur mit der Ferse. Diese Art der Fortbewegung führt mit dem Abdrehen über den Fersenballen auch zu einer eigenartigen Pendeldrehung des Oberkörpers, die wiederum vom Kopf aufgenommen und mit leichten Schrägdrehungen beantwortet wird. Kurzum, mit diesem wiegenden Weiterkommen schwappt das Meer wie ein Tintenfaß hin und her, und es liegt nah, diesen Weitblick zu lassen, um die im Weg lauernden Steinkanten zu beachten.

Den Photographos kenne ich, in seinem Laden hatte ich erst neulich Fotokopien gemacht und dabei gesehen, wie vom Friseur herüber frisch rasierte und gekämmte Inselleute bei ihm für Paßfotos in Pose saßen.

Der alte Photographos ist da. Eine Augenbraue wird hochgezogen, Blick auf den Zeh, Nicken, Fingerzeig auf das Loch im Verschlag im rückwärtigen Laden. Wir sind in der beleuchteten Dunkelkammer. Auf der einen Seite rote Plastikwannen, Schläuche, Kabel, Säureflaschen, Vergrößerungsapparat, Scheren, große Pinzetten, Klammern, aufgehängte Filme. Das Bild verwandelt sich in meinem Kopf: Labor, Röntgenaufnahmen, Operation, Amputation.

179

Die andere Seite des kleinen Raumes ist mit Tüchern verhängt. Inzwischen sitze ich auf einem Plastikstuhl, der Photographos zieht einen Vorhang auf. Andere exotische Flaschen, Gläser, Salben, Dosen und Schachteln. Der Photographos setzt sich mir gegenüber auf einen Drehschemel, mein Fuß liegt auf seinem Knie. Vorsichtiges Beäugen und Befühlen, als wäre der Zeh eine heiße Glühbirne. Reinigung mit Watte und kühlender Tinktur. Weiteres suchendes Betasten, der Photographos säuselt und summt. Dann ein furchtbarer Ruck am Zeh, mir schießen die Tränen in die Augen. Der Photographos tut so, als wäre er mit dem Zeh weiter allein und ich irgendwo in einem Café. Jetzt murmelt er ununterbrochen vor sich hin, fast glaube ich, daß es um Beschwörungen geht. Endlich Salbe rund um den Zeh. Dann ein Geflecht aus Gaze, ein weiteres dagegengebunden. Und noch einmal breite Stoffbänder um die Fessel und wieder zurück, die Ferse schaut nach hinten ins Freie.

»Zwei Tage und du hast die Sache vergessen, aber jetzt brauchen wir ein schönes Kafedaki.«

Wir sitzen in einem Café auf der anderen Straßenseite, gesenkten Blickes schauen wir durch sanft gerötete Beine vorbeischlendernder Touristen in die schattige Leere seines Geschäfts.

Zehn Kaninchen
unter dem Olivenbaum

Landeinwärts, in verwinkelt hohem Gelände, längst ist der Blick auf das Meer abgeschnitten, hängt dieses feste, vierfach geknickte Drahtgewebe, brusthoch über dem Boden zwischen einem Olivenstamm und einem Pfahl befestigt. Zunächst sieht man nur die Kaninchen. Das metallische Drahtgespinst des Stalls, silbrig im Schattenlicht schwebend, wird erst beim Näherkommen in seinen Konturen deutlich. Zehn saubere Kaninchen flitzen durch die eingegrenzte Luft und trommeln erregt auf das Bodengitter, das vibriert wie eine eiserne Harfe. Darunter durchgesiebt eine hohe Zeile Hasenköttel, vermischt mit trockenen Halmen.

Theodoros ist stolz auf den Einfall, einen hohlen Drahtbalken als Gehege zu verwenden. Jeden Tag kommt er vom Dorf herauf zu diesem schrägen Stück Boden und pumpt Wasser aus einer Zisterne in den Bewässerungsgraben zu den Kartoffeln, Zwiebeln, Tomaten, Kolokithia, Gurken und Spinat.

Weit oben an der Kuppe leuchten die drei grün gestrichenen Holzwürfel der Bienenstöcke. Unterhalb in den verzogenen Flächen der aufgeschichteten Terrassen stehen zwischen schrägwüchsigen Olivenbäumen ein Bock und acht Ziegen, allesamt mit Fußfesseln aus Hanfseil, so daß sie nur kleine Schritte machen und nicht weit davon klettern können. Theodoros melkt die Ziegen und schüttet die Milch in einen Thermosbehälter für den späteren Nachhauseweg.

Zuletzt melkt er die schönste, anmutig ist sie, sahnefarben bis hellocker ihr Fell, Augen wie Glas mit Goldgrund. »Meine Aphroditi«, spricht er zu ihr.

Er füttert die Kaninchen und schüttet Wasser durch das Gitter in den kleinen Trog. »Die Kunelia«, sagt er, »hä?« »Ich sehe keine«, sage ich. »Höchstens zehn Portionen Stifado.« Dabei den Kopf im Schwenk den Balkenkäfig entlang und zurück. Er merkt, was gemeint ist. »Ja, ja, wie bei euch die Hühner, ich habe das einmal im Fernsehen gesehen. Gibt es noch viele Füchse und Schlangen bei euch?«

Wir gehen in seine steinerne, fensterlose Hütte. Das Abendlicht fällt durch die Türe, es ist gerade Platz für eine schmale Liege, zwei Stühle, einen Tisch. Auf einem winzigen Gaskocher bereiten wir zwei Elliniko metrio. Drei kleine Gurken werden geschält, in längliche Keile geschnitten und mit Salz bestreut, ein weißer Konus Ziegenkäse angebrochen. Der Wein ist fast warm, das Aroma liegt zwischen Honig und Harz. Hier vor Ort schmeckt er göttlich, doch in der Ferne ist er dem Gaumen fremd. Drei armlange Schlangenhäute hängen neben der Schrotflinte an der Wand.

Als wir die Hütte verlassen ist es dämmrig. Am Himmel wächst langsam der Kondensstreifen eines sehr hoch fliegenden Flugzeugs. Die Linie wird noch von der untergegangenen Sonne getroffen und flammt im matten Blau auf wie die Spur eines Schneidbrenners.

Zur Stunde des Pan

Der Himmel ist aus Glas. In der frühen Nachmittagshitze ist die Atmosphäre geronnen, die Bäume sind starre Gebilde, kein einziges Blatt bewegt sich. Die Landschaft wirkt entleert. Jegliche Kreatur ist in schmale Spalten geflüchtet, Esel wie Ziegen verharren in den Schattenstreifen der Feldsteinmauern. Die Menschen sind verschwunden in den Dämmer der Häuser mit den kleinen verhängten Fenstern, den verschlossenen Türen. Die Stunde des Pan dauert an, bis die kurzen Schatten wieder wachsen.

Im einzigen Kafenion im Dorf hängt die Markise senkrecht schlapp herunter, wie die Sonne steil in den Zenit gehängt ist. Der Platz davor ist zur leeren Bühne geworden, die wenigen Gebäude, flache Kuben schräg zueinander gestellt, wirken wie für immer verlassen. In dieser Stille mitten am Tag scheint die Zeit zu stehen, bewegungslos wie seit Urzeiten, so als erwarte sie nur ein Geräusch, den stumpfen Klang eines Huftritts, ein Grunzen, einen fernen Ton aus der Flöte des Pan. Das Gesirre einer Zikade in der Platane hebt an, und ist nur kurz zu hören, einen Messerflug lang. Aus dem Verschlag hinten im Kafenion kommt ein Glucksen, der Wirt muß sich im Schlaf gedreht haben, das feine Pfeifen seines Atems hat gewechselt.

Vom Tisch im Schatten schütte ich mein volles Wasserglas auf den Boden. Das Wasser zerteilt sich in die Rillen des Pflasters, eilt in Fäden abwärts über den winzigen Platz.

Sobald sie in die Sonne kommen, glitzern sie wie Quecksilber, verspringen querläufig, laufen wieder ein Stück gerade abwärts und versiegen im Staub der Fugen.

Die Türe des gegenüberliegenden Pantopolion ist geschlossen, über der Schwelle im ausgebleichten Blau bleibt der Blick hängen. Die Farbe wirkt in der Hitze wie das Fenster in eine kühle Tiefe, die Augen ruhen sich aus, die Gedanken verlieren sich in diesem Stück wohligem Nichts. In den begonnenen Tagtraum laufen farbige Schuhe, grellbunte Schnürsenkel flattern mit einher, ein kaum sichtbares Staubgekräusel bleibt vor dem Gemischtwarenladen zurück.

»Die müssen durch die Stunde des Pan, jeden Tag um die gleiche Zeit kommen die hier vorbei, das ist der Programmpunkt Gruppenwandern.«

Ich suche die Stimme, sehe nur den leeren Stuhl neben mir.

»Keine Angst, Fremder, ich bin nicht Platons Hocker, nur ein alter Tavernenstuhl aus Thessaloniki.« Ich staune.

»Daß es mich auf den Peleponnes verschlagen hat, hat nichts mit Odysseus zu tun.« Ich sage nichts.

»Keine Bange, Fremder, gleich ist es wieder still, nichts wirst du von mir über jene hören, die ich gerne oder mit Abscheu trug. Gesäße kamen, saßen und gingen.«

Meine Stirnfalten nahmen offensichtlich einen fragenden Ausdruck an.

»Ja, sechsmal wurde das Geflecht der Sitzfläche erneuert. Und du weißt, Leim brauchte ich nie, weil ich das Drahtkreuz zwischen den Beinen habe.«

Richtig, diese geniale wie simple Drahtverspannung hält die vier Knüppel nicht nur fest zusammen, sie gibt dem Stuhl sogar eine gewisse Elastizität, so daß er sich an unebene Böden anpassen kann. Mein Gedankengang war dem Nachbar Stuhl kein Geheimnis:

»Die Gesäße wurden immer größer und die Böden weniger

schief. Meine Vorderfüße drücken Dellen in die breiten Schenkel, und das will keiner; meist sind es die Keulen derer, denen gerade Betonböden so gut gefallen.«

Ich verlagere mein Gewicht, mein Stuhl knirscht.

»Ja, das Gewicht wird von mir nicht mehr gut genug getragen. Wer auf mir sitzt, fühlt sich eher aufgespießt wie ein Souvlaki. Und auch die Souvlakispieße müssen immer größer und größer werden. Erinnerst du dich noch an die selten gewordenen kleinen, die aussahen, als hättest du einen gebratenen elften Finger vor dir?«

Wieder knirscht mein Stuhl.

»Früher hörte ich die Leute auch mehr reden und scherzen, und sie sangen mehr.«

Können Stühle sentimental sein, ging es mir durch den Kopf.

»Der Mensch ist das Maß aller Schneider, Stühle und Särge.«

Verdammt, hatte er nicht vorhin etwas von Platon gesagt?

»Komm in einem Jahr wieder, vielleicht wirst du hier einen Plastikstuhl finden.«

Mein Sitzgestell und ich ächzen leise.

»Doch, sie werden kommen, ich kenne sie von Kerkyra her, da stand ich einen Sommer lang zwischen einer Schar von Plastikstühlen.«

Ich schaue wieder fragend.

»Vor sehr vielen Jahren kam ich von Thessaloniki als Mitgift nach Kerkyra, bis ich hierher weiterverkauft wurde. Zwei Probleme beschäftigten die Plastikstühle vor allem: Sie setzen keine Patina an und kommen so zu keinem Charakter, nur den ordinären Schmutz ziehen sie an. Und immer hörte ich ihr Wispern: Dolce far niente – ist die Zeit geschenkt oder gestohlen? Du siehst, sie verstehen nichts von der Stunde des Pan.«

Olivenbaum,
langsam,
stetig,
langsam gedreht, stehen geblieben, weiter
verdreht,
ausgewrungen, spiralig,
die Spindel der Presse vorausgesagt,
vorausbewegt.
Verzogene Löcher im
Stamm.
Langsam und langsam
viel Zeit eingedreht,
mehr,
als wir davon
haben.
Nichts
wird er
sagen.
Öl
bringt er
noch,
wenn sie
ihm
den alten,
langsamen,
seinen Tanz lassen.

Glossar

Achinos	Seeigel	αχινός
Agia Sophia	Hagia-Sophia-Kirche in Konstantinopel	Αγία Σοφία
Agora	Markt	αγορά
Anastasis	Auferstehung Christi	Ανάσταση
Anthrope!/ Anthropi	Mensch!/ Menschen	άνϑρωπε!/ άνδρωποι
Anthropophagos	Menschenfresser	ανϑρωποφάγος
Anthropos mystirios	eigenartiger Mensch	άνϑρωπος μυστήριος
Arnaki	Lämmchen	αρνάκι
	der »Gottfürchtenicht«	ΑΘΕΟΦΟΒΟΣ
	Morgenröte	ΑΥΓΗ
Bakalarakia	kleine Kabeljaus	Μπακαλαράκια
Barba	Onkel, allg. freundliche Anrede eines Alten (Nenn-Onkel)	Μπάρμπα
Bouboulina	griechische Freiheitskämpferin (19. Jh.)	Μπουμπουλίνα
Bousouki	Musikinstrument	μπουζούκι
Chasapis	Metzger	χασάπης
Christos anesti	Christus ist auferstanden	Χριστός ανέστη
Chronia polla	Viele Jahre (für alles Gute)	χρόνια πολλά
Den pirasi	es macht nichts	δεν πειράζει
Elikoptero	Hubschrauber	ελικόπτερο
Ellinikos metrios	griechischer Kaffee, halbsüß	ελληνικός μέτριος

189

Entaxi	in Ordnung	εντάξει
Epiphania, bzw. Theophania	Fest der Erscheinung Gottes (am 6. Januar)	Επιφάνεια/ Θεοφάνεια
Epitaphios	Grablegung bzw. Todesfeier Christi	Επιτάφιος
Estiatorion	Restaurant	εστιατόριο
Exarchia	Universitätsstadt- viertel in Athen	Εξάρχεια
Garides	Krabben	γαρίδες
Giuwetsi	Brattopf	γιουβέτσι
Gopes	Fischart	γόπες
Kafenion	Café	καφενείο
Kaiki	größeres Holzboot	καΐκι
kala	gut	καλά
Kalimera	guten Tag	καλημέρα
Kalitera	besser	καλύτερα
Karagiosis	Hauptdarsteller des gleichnamigen Schattenspieltheaters	Καραγκιόζης
Kartutso	ein Viertel	καρτούτσο
Katsikaki	Zicklein	κατσικάκι
Kefalotiri	Hartkäseart	κεφαλοτύρι
Kerata	Hörner	κέρατα
Kerkyra	Korfu	Κέρκυρα
Kolokithia	Kürbisfrüchte	κολοκύθια
Komboloi	Perlenspielkette	κομπολόι
Krassi	Wein	κρασί
Kuluraki	Sesamkringel	κουλουράκι
Kunelia	Kaninchen	κουνέλια
Kyrie eleison!	Herr, sei uns gnädig!	Κύριε ελέησον!
Lithrinia	Meerbarben	λυθρίνια
Loukoumades	Mehlspeisenart	λουκουμάδες
Lykabettos	keilförmige Erhebung im Stadtgebiet von Athen	Λυκαβηττός
Malista	jawohl	μάλιστα
Makaronia	Spaghetti	μακαρόνια

Marides	sehr kleine Fischart	μαρίδες
Maroussi	Vorort nördlich von Athen	Μαρούσι
Mati	Auge	μάτι
Mikros	kleiner Angestellter, Aushilfe	μικρός
Oktopodia	Oktopus	οκτοπόδια/ χταπόδια
Ouso	Anisschnaps	ούζο
Panagia mou!	sinngemäß: bei Maria!	Παναγία μου!
Paniyiri	Festivität	πανηγύρι
Panta	immer	πάντα
Pantopolion	Gemischtwarenladen	παντοπωλείον
Paralia	Küste, Uferstraße	παραλία
Parnis	Berg nordwestlich von Athen	πάρνης
Pastelli	Süßigkeit aus Sesam und Honig	παστέλλι
Pastourmas	Räucher- bzw. mageres Trockenfleisch	παστουρμάς
Patates	Kartoffeln	πατάτες
Patsas	Kuttelgericht	πατσάς
Pentelikon	Berg östlich von Athen	Πεντελικόν
Peripteron	Kiosk	περίπτερον
Phidi	Schlange	φίδι
Pilion	bergige Halbinsel in Ostthessalien	Πήλειον
Potiraki	Gläschen	ποτηράκι
Prophitis Ilias	Nach dem Propheten Elias benannte Bergspitze	Προφήτης Ηλίας
Protopapadistra	Frau des Erzpriesters	πρωτοπαπαδίστρα
Psistaria	Holzkohlenbratgestell	ψησταριά
Psygio	Kühlschrank	ψυγείο
Rembetiko	Randgruppen-Kultur kleinasiatischer Griechen (Lieder, Tänze)	Ρεμπέτικο

Ritsos, Jannis	Dichter (1909–1990)	Ρίτσος. Γιάννης
Salonia	Salons (Wohnzimmer)	σαλόνια
	Erdbeben	ΣΕΙΣΜΟΣ
Skordalia	Knoblauchpaste	σκορδαλιά
Skordostoupi	Knoblauch- kräuteressig	σκορδοστούπι
Stasis	Haltestelle	στάσις/στάση
Stifado	Topfgericht mit Schalotten	στιφάδο
Sto diabolo	zum Teufel	στο διάβολο
Sto kalo!	Abschiedsgruß: zum Guten	στο καλό
Stragalia	geröstete Kichererbsen	στραγάλια
Symphoni	einverstanden	σύμφωνοι
Syntagma	Verfassung	Σύνταγμα
Theos	Gott	Θεός
Ti ora ine?	Wie viel Uhr ist es?	τι ώρα είναι;
To Delphinaki	das Delphinchen	το δελφινάκι
Trouba bzw. Troumba	ehemaliges Rotlicht- viertel in Piräus	Τρού'μπα
Tsimbouki	Hanftabakpfeife	τσίμπούκι
Tsipuro	Schnaps	τσίπουρο
Xenos ine	Fremder ist er	ξένος είνδι
Ymettos	Berg südlich von Athen	Υμηττός